www.tredition.de

AF217620

Hildegard Lehnert

Mordshunger

www.tredition.de

© 2018 Hildegard Lehnert

Verlag und Druck: tredition GmbH, Hamburg

ISBN
Paperback: 978-3-7469-6779-0
Hardcover: 978-3-7469-6780-6
e-Book: 978-3-7469-6781-3

...oder einfach nur APPETIT?

Wenn sich der psychologische Zustand des Hungers als drängendes Bedürfnis, die ausreichende Versorgung des Organismus mit Nährstoffen sicherzustellen,

mit dem psychischen Zustand des Appetits, der sich durch das lustvoll geprägte Verlangen, etwas Bestimmtes zu essen (Wikipedia), auszeichnet, paart, ist man hier richtig:

...im Kochbuch der anderen Art

für Nicole

PROLOG

Wer „fine dining" sucht und wie ich der Meinung
ist, dass „fine dining" nicht aufwändig sein muss,
wer einfache Gerichte schmackhaft zubereiten,
stilvoll servieren und so den Gipfel der Gourmet-
küche erklettern will, liegt mit diesem Büchlein
richtig!

Elementare Grundkenntnisse in der einfachen Küche setze ich voraus!

Jahrelang schon bedrängt mich Nicole, meine Rezepte zu Papier zu bringen. Nicole ist die Frau
meines Neffen, isst sehr gerne, kocht auch sehr
gut, aber am besten schmeckt ihr, was ich bzw. wir
kochen.

Wir, das sind mein Mann, der leidenschaftlicher
Esser ist und sich im Laufe unserer Beziehung zu
einem wahren Spitzen-Beikoch gemausert hat,
mich mit der Küchenarbeit bis zum Umfallen un-
terstützt, und ich, die ich einfach nur die von ihm
vorbereiteten Ingredienzien in die Töpfe befördere
und versuche, etwas Leckeres daraus zu machen.
Nun muss man wissen, dass mein Mann (besser
gesagt ich) unter (s)einem unbändigen Tatendrang

leidet, was, um diesen in Bahnen zu lenken, mir wiederum ein hohes Maß an kognitiven Fähigkeiten abverlangt. Somit ist meine Entlastung, was die Küchenvor- und auch -nacharbeiten anbetrifft, vorprogrammiert. Nicht dass ich böse darüber wäre, ganz im Gegenteil!

Es ist durchaus nicht einfach, unsere Kocherei zu Papier zu bringen, da ich:

> 1.   grundsätzlich **maßlos**, heißt, nach Gefühl koche und dadurch in den Rezepten exakte Maßeinheiten zu empfehlen nicht in der Lage bin - sprich, den Algorithmus eines Küchenrezepts werden Sie hier nicht finden . Beim Umsetzen der Lektüre wird dem Leser deshalb eine gehörige Portion Individualismus bzw. auch Leidenschaft abverlangt.
> 2.   kein Konzept verfolge.

Das ist auch der Grund, warum man sich bei meinen Gerichten nicht auf einen standardisierten Geschmack verlassen kann und immer mit allem rechnen muss. SPANNEND!

Ich bin kein Freund von Extremismus, stehe, abgesehen von ein paar Ausrutschern in Nachbarländer, voll hinter deutscher Traditionsküche und beim Kochen mit beiden Füßen auf dem Küchenboden.

Für mich ist Kochen Handwerk und keine Philosophie, ich benutze keine extrem ausfälligen Zutaten, sprich, ich vermeide möglichst „Kontaminationen" meiner Speisen mit mir unbekannten, exotischen Gewürzen.

Ich kaufe unter anderem auch bei „Aldi" und „Lidl" (nur kein Billigfleisch!), obwohl mein Favorit „EDEKA" ist, und auch bleibt.

Ich benutze Geschmacksverstärker – sprich Brühwürfel und Streuwürze (Fleischsuppe oder auch Gemüseboullion von „Knorr") – und FEINSTER Zucker steht bei mir immer ganz oben auf der Einkaufsliste.
Das sind sicher die wichtigsten, aber ich denke auch einzigen Dinge, die mich von einer „(Sterne-)Küche" unterscheiden.

Zu meinen Standardgewürzen dürfen sich zählen: Salz, Pfeffer, Paprika edelsüß und pikant, Kümmel, Curry, Chilischoten, Wacholderbeeren, Lorbeer, Nelken, Muskat und Zimt, und auf meinem Balkon wächst Schnittlauch, Petersilie, Rosmarin, Thymian, Minze und Pepperoni.

Bei der Produktauswahl bin ich von Kinderbeinen an aus der Küche meiner Mutter von „Dr. Oetker" verwöhnt, jetzt bei mir schon 70jährige Tradition. Weiterhin sind „Thomy" (alles Fette und was scharf und würzig macht) und Speisewürzen von „Knorr" meine allererste Wahl. Mit „Knorr" habe ich unsere Familientradition, die, mir immer noch unergründlich, den Zugriff auf Maggi favorisierte, aufs krasseste gebrochen. Das wohl auch nicht zuletzt wegen dem schönen Werbespruch („Nestle"): „wenn aus alltäglichem Essen ein besonderer Moment werden soll", und jeder Moment (m)eines Lebens sollte ein besonderer sein!
Das zu GESCHMACKSVERSTÄRKERN, zu denen ich mich mittlerweile auch zähle!!!!

Als Autodidakt habe ich mir meine Gerichte mit den Augen zusammengeklaut, bei meiner Mutter, meiner Schwiegermutter, meinen Freundinnen, in Rezeptbüchern, in Kochshows und im Internet. Ich habe sie verändert und auf uns zugeschnitten und in meinem Mann meinen größten Kritiker, aber auch Anhänger gefunden.

Mittlerweile essen wir fast nur noch zuhause, da ihm die traditionelle Basisküche, um die es in diesem Büchlein geht, aushäusig einfach nicht mehr schmeckt.

Gelegentlich zieht es ihn zum Chinesen, er isst auch mal gerne ein Steak oder der Grieche lockt mit Gyros. Sowas – und damit meine ich Sperenzien (ein oft gebrauchter Ausdruck bei uns zuhause, wenn es um Unerwünschtes oder gar Verbotenes ging) bekommt er zuhause nicht.

Von meiner Mutter habe ich das Rezept für Kartoffelsalat und Salatdressing übernommen und an meinen Mann weitergegeben. Er hat damit akribisch genau umzugehen gelernt und ist somit in meinen Augen „tadellos" aufgestiegen. Das heißt, heute muss ich mich DARUM nicht mehr kümmern! Außerdem natürlich andere, grundlegende Küchenweisheiten, die sicher später in irgendeinem „Rezept" nochmal Erwähnung finden.

Die wichtigste Grundregel, die ich von meiner Schwiegermutter, die aus dem Sudetenland kam und die böhmische Küche aus dem ff beherrschte, übernommen habe, ist: „Kümmel muss springen". Nur somit kann er sich „entfalten", d.h. erst wenn man den Kümmel mit Hilfe von wenig Fett in der Pfanne geknackt hat und er anfängt zu springen (wie Popcorn), was nach nur kurzer Verweildauer der Fall ist, kann man Bestgeschmack erreichen und weitermachen.

Probieren Sie es einfach mal aus! Mein Mann z.B. merkt sofort, wenn ich das einmal vergessen habe und versuche, den Kümmel bei schon angesetztem Gericht nachzuschießen. Das kann bei ihm Komplettalarm auslösen!!! …und wird stets mit vernichtender Kritik bestraft.

Auch hat sie mir beigebracht, wie man den Strudelteig von der Mitte über den Handrücken auszieht, was bei mir aber nicht sehr oft zum Einsatz kommt, da ich kein begeisterter Kuchenesserbin.

Andere Tippgeber werden in den nachfolgenden Aufzeichnungen an den entsprechenden Stellen ihren Platz finden.

Konzeptlos, wie ich bin stellt das Büchlein keinerlei Anspruch auf Vollständigkeit, es wird auch nicht nach Gerichten geordnet sein, sondern wie es mir in den Sinn kommt.

Die Seitenangabe der einzelnen Gerichte finden

sich hinten im Register.

Da der Prolog schon ziemlich lang geworden ist
will ich jetzt endlich ZUR SACHE – sprich zu den
„Rezepten" kommen.

Übrigens: Die Leerzeilen auf einigen Seiten des
Buches sind für Notizen und eigene Ideen gedacht.

Meine Notizen

LIEBLINGSREZEPTE

Bedeutet nicht etwa, dass das **meine** Lieblings-speisen sind, aber sie sind der Renner auf der Wunschliste meines Mannes und der Gäste, die häufig und gerne zum Essen kommen.

Für meine Freundinnen, mit denen ich mich re-gelmäßig - und in der Regel bei mir - seit Jahrzehn-ten treffe, mittlerweile aus Altersgründen auf ei-nen kleinen Kreis geschrumpft, war und ist bis heute mein

HACKBRATEN!
Ich kann mir die obligatorische Frage, was wir ko-chen wollen, sparen.
Ich kenne die Antwort: HACKBRATEN!
Alle haben mir „hundertfach" über die Schulter geschaut und sind mit ihren Selbstversuchen im-mer an die Wand gefahren. Mittlerweile haben sie es aufgegeben und Hackbraten gibt's bei Hilde-gard. Die Reste werden verteilt und abends bei dem zugehörigen Anhang schon sehnlichst erwar-tet. Ich kann nur vermuten, was meinen Hackbra-ten so besonders macht.
Meine Mutter hatte ein Grundrezept:
1 Pfund gemischtes Hackfleisch, 1 Zwiebel,

1 eingeweichtes, ausgedrücktes Brötchen, 1 Ei.
Das galt sowohl für ihren Hackbraten als auch für ihre

FRIKADELLEN.

Ich habe es nur insoweit verändert, dass ich **anstelle von 500g Hack nur 375g** nehme, also meine Masse ei-, zwiebel- und brötchenlastiger ist, was sie m.E. einfach lockerer macht. Fertiges BIO-Hack z.b. bei Aldi oder Lidl ist meistens 400g weise verpackt: auch gut! Die Zutaten wiege ich nicht ab, mir ist die Größe des Brötchens egal, nur die Zwiebel muss ausreichend groß und fein gehackt sein (nicht gerieben!). Zudem knete ich meine Masse nicht bis ins graue Koma, sondern matsche sie nur locker durch. Bei mir kann auch mal ein Stück Brötchen in der Masse überleben. Ich würze ausschließlich mit Salz und Pfeffer und das, wie ich von einer Cousine meines Mannes in Mecklenburg gelernt habe, sehr großzügig. Ingrid war der Meinung, Hackfleisch müsse man grundsätzlich überwürzen, und sie hat recht!
Dann landet das Ganze als Laib, Oberseite mehrfach mit einem Messer eingeritzt und mit Butterflöckchen belegt, in einer gut geölten Form (oder als Frikadelle in der Pfanne), umringt von Zwiebelspalten und Tomaten - Cocktail oder gestückelt

- im auf 200°C Ober-Unterhitze vorgeheizten Ofen, mittlere Schiene.

Bis auf wenige Ausnahmen (z.B. Kartoffelgratin) arbeite ich nur mit Ober-Unterhitze, nicht mit Umluft, weil die das Bratgut immer ziemlich austrocknet. Bevor die Zwiebeln auch nur die Chance haben, anzubrennen, gieße ich etwas Brühe auf und immer wieder nach und übergieße den Hackbraten zwischendurch gelegentlich mit dem Fond. Je nach Ofen stellt sich der Hackbraten nach 1 ¼ bis 1 ½ Std. zur Verfügung – sprich zum Verzehr. Der Fond wird mithilfe eines Schabers und etwas Brühe gelöst und aufgegossen und evtl. mit separat geschmorten Zwiebeln und Tomaten oder Sossenresten aus dem Froster verlängert.

Als Frikadelle liebt es die Masse nach dem Anbraten.

auf kleiner Hitze in aller Ruhe fertig zu garen!!!!

Bei uns zuhause gab es in den 50ern das Gemüse entweder nur frisch aus dem Garten, also saisonal, aus dem Keller gelagert oder auch eingeweckt. Da meine Phantasie bereits in jüngsten Jahren überdurchschnittlich ausgeprägt war, stand für mich damals fest: "Einwecken" ist - im Gegensatz zu "aufwecken" - das Überführen vom Wachzustand in den Schlafzustand. Das Gemüse "ruhte" nun in den Gläsern bis zur weiteren Verwendung.

Durch Öffnen des Glases wurde es wieder in den Wachzustand gebracht...nämlich "aufgeweckt"! Für mich - auch heute noch - die logischste Erklärung für die Aufbewahrung.

Erst Jahre später wurde mir klar, dass der Begriff des "Einweckens", losgelöst von jeglichem Bewusstseinszustand, im Ursprung dem „Vermarkter" geschuldet war. Johannes Weck gründete anno 1900 die Firma Weck&Co und brachte sein „Weckgläser"sortiment, bestehend aus geriffeltem Glas, Gummiring und Klammern, auf den Markt, mithilfe derer erstmals eine luftdichte Lagerung von Lebensmitteln möglich war. Erst nach späterem Einzug in den Duden wurde das Wort EINWECKEN gebräuchlich und wird allgemein für "Haltbarmachen" und auch für Produkte anderer Hersteller genutzt ...aber bei uns gab's nur: WECK

In den 60ern kam das Gemüse dann auch schon aus der großen Kühltruhe im Keller, die das Einwecken zwar nicht übernommen, aber erübrigt hat. Ich kann mich noch gut an Mamas „Einwecktage" erinnern, in den Sommermonaten nicht nur wegen der Hitze „schweißtreibend"! Aus den Zeiten sind wir – Gott sei's gedankt – raus.

Bei Nichten und Neffen konnte ich früher immer
mit
ERBSEN UND MÖHREN
punkten.

Bei mir darf sich eigentlich alles Gemüse in **Margarine (alternativ Öl und Butter)** aalen, und das
im wahrsten Sinne des Wortes.
Mein Mann wundert sich heute immer noch über
die ordentliche Portion Fett, die für die Möhren in
den Topf wandert. Die Möhre kann gar nicht genug von der Margarine kriegen und umgekehrt,
sie brüstet sich mit ihren Inhaltsstoffen und die
Margarine hilft ihr, sich zu vermarkten! Bis heute
hat sich mir noch nicht lückenfrei erschlossen, inwieweit die Margarine davon profitiert, außer,
dass sie gebraucht wird.
Und was für ein schöneres Gefühl gibt es, als gebraucht zu werden! Aber weiter…….

Die Möhren werden geschält und in Stücke geschnitten - ich mache das mit dem groben Gemüsehobel - und die Erbsen kommen aus dem Frost!
Margarine zerlassen, die Erbsen geben den Möhren den Vortritt und mit einer **Handvoll Zucker
(nicht sparen)** und einer **guten Prise Salz** versorgt
dürfen die sich zunächst kurz in der Margarine

anschwitzen und leicht karamellisieren. Danach kommen die Erbsen dazu und es wird nochmal nachgewürzt (Zucker/Salz). Unter öfterem Wenden suttert das Ganze dann 10-15min (aufgepasst, gart nach und wird dann leicht zu weich) **<u>auf kleiner Hitze</u>** ohne Zugabe von Flüssigkeit vor sich hin, **am Ende nochmal ein Stück „gute" Butter** dazu und evtl. noch **mit gehackter Petersilie geschönt**: fertig ist das Lieblingsgemüse.

Serviere ich heute gerne noch zu Hackbraten ... und dass das Gemüse bei mir besser schmeckt als zuhause liegt sicher an der Zuckermenge. Zucker ist für mich der beste Geschmacksverstärker auf der ganzen Welt!

Grundsätzlich wird bei mir Gemüse in Margarine angeschwitzt.

Unser Freund Uli, der mich immer, wenn ich glaube, jetzt ist mein Buch druckreif, eines Besseren belehrt, dieses auseinandernimmt, umsetzt, geduldig und akribisch korrigiert....und dessen Liebe zu Erbsen schon fast die Grenze zur Sucht überschreitet, teilt diese nicht gerne - im speziellen Fall nicht mit Karotten.

Als „Einzelgänger" unterziehen sich die Erbsen einer etwas abweichenden Tour.

In viel Margarine werden zuerst ganz klein gehackte Zwiebeln angeschwitzt.

Erst dann dürfen sich die TKerbsen in den Topf
stürzen, werden mit gut Zucker und Salz verwöhnt, Deckel drauf und, unter gelegentlichem
Umrühren, für ca. 15min bei mittlerer Hitze
schwitzen lassen.

Zu guter Letzt ein Stück Butter nachschies-
sen...voila!

Meine Notizen

Das gilt übrigens auch für
WIRSING,
den ich auch gerne zu Hackbraten serviere.

Entweder ich mache ihn wie meine Mutter:
WIRSING belesen, Blätter kleinschneiden, 10min
in Salzwasser garen, abgießen (dabei das Wasser
auffangen), abtropfen lassen und durch den
Fleischwolf drehen (hat heute kaum mehr jemand)
oder alternativ klein hacken. **Mehlschwitze** herstellen aus einem ordentlichen Stück **Butter (2EL?)**
Mehl (1EL?) und dem **Kochwasser**, durchkochen
lassen und dann den Wirsing rein. Ein wenig **Natron** kann wegen Farbe und Verdauung auch nicht
schaden.

Ich schmecke ab mit ordentlich **Streuwürze**
(z.B.Knorr Instantgemüsebrühe), **Salz, Pfeffer und
Muskat.** Das ganze nochmal durchblubbern lassen, mit einem ordentlichen **Schuss Sahne** verfeinern und fertig - oder ich mache ihn, wie mein
Mann ihn bevorzugt:

WIRSINGBLÄTTER von groben Stielen befreien
und in Streifen schneiden (1/2-1cm). Kleingeschnittene **Zwiebel und Speck** in ausgelassener
Margarine anbraten, Wirsing dazu und auf redu-

zierter Hitze unter Wenden weiterbraten, etwas **Brühe** (Gemüsebrühe von Knorr) angießen, abdecken und ca. 10-15min unter gelegentlichem Wenden nicht zu weich schmoren. Mit **Salz, Pfeffer und Muskat** gut abschmecken und evtl. mit einem Schuss Sahne verfeinern (für meinen Mann lieber nicht!). FERTIG!

Meine Notizen

Auf ähnliche Weise mache ich mein
BAYRISCH KRAUT,
meiner Mutter eher als „Schlappkraut" bekannt
und in Erinnerung an die Dominanz dieses Ge-
richts während ihrer Internatszeit zumindest in
IHRER Küche kein Lieblingsgericht.

Zunächst springt der **Kümmel** in der Pfanne bevor
ich **Speck und Zwiebeln** dazugebe, das Weißkraut
wird etwas grober geschnitten, braucht etwas längere Zeit – (20min? - muss man ausprobieren, und
kriegt in keinem Fall Sahne ab!

ROSENKOHL

ist auch ratz fatz gemacht. Die Röschen werden
geputzt - bei uns wurde Gemüse und Salat nicht
geputzt, sondern verlesen - und am Strunk kreuz-
weise eingeschnitten (wegen der Garzeit). Danach
werden sie in Salzwasser oder auch **Brühe** für
10min. gekocht und abgeschüttet. Wie Wirsing baden sie anschließend in reichlich mit **angedünste-
ten Zwiebeln und Speck** (ich verwende immer
gerne kleingeschnittenen Frühstücksspeck) vere-
delter **Butter** und sind verzehrbereit.

SCHWEINSBRATEN,
eines der Lieblingsgerichte meines Mannes.

Dafür nehme ich am liebsten Schweinenacken, früher mit Knochen, heute lieber ohne. Schweinsbraten braucht **Kümmel**! Also lasse ich den in „**Butaris**" -meinem Lieblingsfett zum Braten - in einem Bräter, der der Größe des Nackenstücks angemessen erscheint, springen!!......und brate dann das gesalzene und gepfefferte Bratgut von allen Seiten darin an.

Danach gebe ich 1-2 (hängt von der Größe des Bratens und des Bräters ab) kleingeschnittene **Zwiebeln** dazu, lasse diese anrösten (müssen schon kräftig Farbe haben) und lösche mit **Brühe**, die mein Mann mir mit „Knorr!! Fleischsuppe"-Würfel vorbereitet hat, ab. Deckel drauf und auf niedrige Hitze zurückschalten, sodass das Ganze friedlich vor sich hinsimmert! Der Bräter sollte nicht wesentlich größer sein als der Braten, zwischendurch bei Bedarf Brühe nachgießen und den Braten wenden oder übergießen. Je nach Größe 1 ½ - 2 Std bei niedriger Hitze schmoren lassen.

Bei mir haben alle Braten die Chance, sich nach dem Bratstress für wenigstens ½ **Std. in Alu ver-**

packt zu entspannen - z.B. im auf 50°C geheizten Ofen, in dem sich auch die Teller vor dem Essen aufwärmen müssen, oder einfach neben dem Kochfeld - so auch der Schweinsbraten! Das verteilt den Fleischsaft und macht die Braten besonders zart. Da die Bratensoße üblicherweise bei unseren Essern, die schier darin zu baden scheinen, immer knapp wird, bereite ich mir immer eine

„Soßenverlängerung" zu.
Für Schweinsbraten verwende ich dafür Rippchen, für Rinderbraten Ochsenschwanz oder Fleischknochen. Die Rippchen (in der Regel ja am Stück) werden vereinzelt, mit Pfeffer und Salz gewürzt und in Butaris scharf angebraten. Dann kommen grob gehackte Zwiebeln dazu, die weitergebraten werden, bis sie einigermaßen Farbe haben, danach wird mit Brühe abgelöscht und das Ganze bei geschlossenem Deckel auf reduzierter Hitze für ca. 1 ½ Std. geschmort. Brühe nachgießen nicht vergessen!....kann man übrigens schon am Vortag zubereiten.

Die letzte ½ Std. wird mein Mann schon unruhig und hält sich konsequent in unmittelbarer Herdnähe auf. Er wartet auf die Rippchen!!!..., die er seit Jahren mit ungebrochener Leidenschaft ver„nagt". Ich kriege die Soße, er die Rippchen!

Die Soße gesellt sich dann, nachdem der Schweinsbraten sich in die Alufolie verabschiedet hat, als „Verstärkung" in den verwaisten Bräter, in dem sich die aktuelle Soße nach dem untreuen Braten verzehrt, wird mit dieser vermischt und evtl. nochmal mit Brühe verlängert oder mit Mondamin Fix-Soßenbinder leicht abgebunden. In der Regel ist das aber nicht nötig, da die verwendeten Zwiebeln als „Dickmacher" ausreichend sind.

Übriggebliebene Soße wandert bei uns in den Froster. So habe ich meine eigene „Soßenverlängerung" immer zur Hand.

Meine Notizen

Zu Schweinsbraten isst er – mein Mann - am liebsten
„BÖHMISCHE SEMMELKNÖDELN"!

Die macht er immer selber.
Er macht sie nur aus **Eiern, Mehl, Backpulver, Salz und getrockneten Semmelwürfeln**. Eier aufschlagen, dann Mehl, pro Ei ca. 2-3EL, Backpulver nach Mehlmenge (1-2TL) und Salz - es muss ein zäher Teig rauskommen, geschlagen, bis er Blasen wirft. Bei Bedarf einfach Mehl, oder wenn er zu fest wird Selterswasser (Tipp von unserer Tante aus Portugal, ebenfalls aus dem Sudetenland) dazugeben.
Dann arbeitet man die volumenmäßig gleiche Menge trockene Semmelwürfel unter, formt mit nassen(!) Händen (da sonst eine Schmiererei) einen oder auch 2 große, glatte, längliche Knödel und gibt sie in kochendes Salzwasser. Aufkochen und zurück auf niedrigste Stufe! Die Semmelknödel sollen nur ziehen, bei leicht geöffnetem Deckel, und das ca. ½ Std (!) Garprobe mit Stricknadel....wenn nix mehr hängt: Gar, raus und in dicke Scheiben schneiden.

Semmelknödel können in Scheiben auch sehr gut über Wasserdampf (Sieb über Topf mit Deckel drauf) erwärmt, oder kleingeschnitten in der Pfanne mit Ei gebraten werden.

Zur „Verfeinerung" unserer Gerichte…und so auch Semmelknödel….wurden wir zu Weihnachten von unserem Neffen in eine Kochschule verfrachtet.

Dort haben wir u.a. gelernt, einen raffinierten **SEMMELAUFLAUF** (Kochschule)

zu zaubern, der, und nicht nur gnädigerweise, in unsere Liste der „Top Ten" aufgenommen wurde. Man nehme: **2 kleingewürfelte Schalotten** und schwitze diese in reichlich Butter an, dazu geben wir dann **kleingehackte Petersilie** und **150ml heiße Milch**, übergießen damit in einer Schüssel **100g altbackene Semmelwürfel**, die bei uns schon wegen der Semmelknödel in Massen bevorratet werden, abdecken und quellen lassen!! **2 Eier** trennen, Eiweiß aufschlagen, die Eigelbe mit in die Schüssel geben, mit **Pfeffer und Salz** würzen, vorsichtig vermengen und zum Schluss das geschlagene Eiweiß unterheben. Die Masse in gebutterte Backförmchen - ich bevorzuge eine Muffinform - füllen und bei 180°C ca. 25min im Ofen garen. Garprobe mit Stricknadel!

Üblicherweise essen wir zum Schweinsbraten wie zu vielen anderen Gerichten auch
ROTKRAUT!

Wer das nicht selber machen will, holt sich eine Dose oder ein Glas im Supermarkt - auch gerne Aldi oder Lidl -, lässt **Kümmel in Butaris** springen, gibt das **Fertigkraut** hinein und lässt es auf kleiner Hitze wenigstens ½ Std. schmoren.
Schmeckt auf alle Fälle besser als einfach nur warmgemacht!
Wer sich traut holt sich einen Krautkopf!

Ich (mein Mann) hobele ihn immer, nachdem ich den Strunk entfernt und den Kopf vier- oder je nach Größe achtgeteilt habe, sehr fein. In einem Topf lasse ich eine grosse Portion „**Butaris**" aus, gebe **2 gehackte Zwiebeln** (grober Gemüsehobel) und **2 grobgehackte Äpfel** rein, eine **gute(!) Handvoll Zucker**, lasse es etwas karamellisieren und gebe dann das gehobelte Kraut dazu.
Direkt darauf **Essig (ca. 50ml je nach Gusto), Salz, Wacholderbeeren, Lorbeerblatt und Nelken**, alles umheben und auf kleiner Hitze köcheln lassen.
Nach ½ Std mit **Mehl** bestäuben, wenig **Wasser oder gerne auch Apfelsaft** angießen, nochmal salzen, umheben und eine weitere ½ Std köcheln.

Danach abschmecken, auf alle Fälle mit **Preisel-beeren oder Johannisbeergelee, Salz und Pfeffer** und wer will auch Rotwein…da sind der Phantasie keine Grenzen gesetzt. Aufgewärmt noch besser, also gut vorzubereiten.

Und schon unsere Großnichten haben bereits zur Kenntnis genommen: Bei Tante Hildegard und Onkel Kurt gibt's „fast" nix aus der Dose!

Meine Notizen

Zum Schweinsbraten passt auch sehr gut
KRAUTSALAT.

Dazu wird ein schön geschlossener Weißkohl geviertelt oder b.B. geachtelt, die Stücke bis runter auf den Strunk sehr fein gehobelt, in einer großen Schüssel leicht **gesalzen** und gemischt. Dann wird das gesalzene Kraut mit beiden Händen geknetet und so sein Widerstand gebrochen, was sich durch leises Knacken bemerkbar macht.....aber nicht zu lange, sonst wird das Kraut zu matschig.
Danach wird mit **Essig und Öl zu gleichen Teilen und Zucker und Salz** (Vorsicht, ist ja schon vorgesalzen) gemischt und abgeschmeckt. Dem Krautsalat steht auch kleingeschnittene grüne Paprika gut zu Gesicht.

Wer's derber will kann anstelle von Zucker gestoßenen Kümmel dazugeben.

Die Lieblingssuppe unserer Großnichten, im speziellen Fall der Kinder von Nicole, ist unser

BROKKOLISÜPPCHEN!
Das war das erste, was sie mit mir zusammen gekocht und als Rezept mit nachhause genommen haben.

Den Brokkoli schwitzt man klein zerteilt in reichlich **Margarine** an bis er Röstaromen entwickelt
hat. Dann gießt man mit **Brühe**, kann ruhig für
Vegetarier auch Gemüsebrühe sein - aber von
Knorr -, auf, dass er bedeckt ist und lässt das Ganze ca. 15min köcheln. Dann wird püriert, mit
Sahne und evtl. Brühe auf gewünschte Konsistenz
verdünnt und abgeschmeckt mit **Streuwürze,
Salz, Pfeffer und…….. CURRY**!!!

Brokkoli liebt Curry (Tipp von einer Freundin),
dieses Geheimnis haben die Kinder bis heute be-
wahrt……und keine Angst in der Küche vor Salz!
Oftmals sind die besten Gerichte nur untersalzen
und schmecken deshalb fad!

Natürlich kann man vor dem Pürieren ein paar
Röschen entnehmen und danach wieder reinge-
ben…fürs Auge…sieht ganz gut aus!

Grundsätzlich gibt es bei uns zum Essen immer
SALAT. Das Grundrezept für das **DRESSING**

stammt noch von meiner Mutter, wir haben es nur
noch ein bisschen versüßt! Man nimmt gleiche
Mengen **Essig, Öl und Wasser, Salz und VIEL
Zucker, etwa 3-4x so viel wie Salz** (sollte man den

Salat nach dem Waschen nicht trockenschleudern, wie wir das machen, kann man auf die Zugabe von Wasser evtl. verzichten).

Dann wird das Dressing mit dem Löffel oder dem Rührbesen 100(!!!) mal geschlagen, damit sich alles verbindet und auflöst, was auch meine Freundinnen kritiklos übernommen haben.

Meine bevorzugten Zugaben sind **Radieschen, Schnittlauch und Dill**.

Die Art der Ingredienzien wechselt mit der Salatsorte, es gibt ja zig Sorten von Essig und Öl, die man nach Gusto anpassen oder auch mischen kann.

Bei mir in der Küche steht „Altmeisteressig" von „Hengstenberg", Sonnenblumenöl von „Thomy", spanisches Olivenöl aus unserer Ölmühle in Los Romanes, Balsamicoessig - auch in weiß – und in kleinen Gebinden Traubenkernöl, Walnussöl und zum Frittieren Rapsöl.

Meine Notizen

Auch beim
KARTOFFELSALAT

hat sich das einfache Rezept meiner Mutter durchgesetzt und über Jahre bewährt.

Früher habe ich „Nicola" als Kartoffel den Vorzug
gegeben. Es ist wirklich schade, dass sie bei uns in
der Region als alte Züchtung und Kartoffel des
Jahres 2016 nur noch sehr spärlich angebaut wird
und kaum zu kaufen ist. Alternativ greife ich sehr
gerne auf „Annabelle" zurück, auch eine festkochende Kartoffelsorte, die sich für eigentlich alle
Gerichte außer Knödel eignet, besonders gut aber
als Pellkartoffel und dann eben Bratkartoffel oder
Kartoffelsalat.

Ich koche meine Kartoffeln meistens am gleichen
Tag, da mein Appetit und die daraus resultierende
Planung eher immer spontan ist, gebe ihnen aber
dann reichlich Zeit zum Auskühlen. Wenn man
die Kartoffeln schon am Vortag kocht sollte man
wissen, dass der Salat länger zum Ziehen und viel-
leicht etwas mehr Flüssigkeit und Würze braucht.
Die Schüssel wird zunächst mit einem guten
Schuss Öl verwöhnt - heißt ausgewischt - (die
Wände nicht vergessen). Darauf schneide ich die

erste 2-3cm Lage Kartoffeln. **1 EL Essig, 1EL Öl, kleingehackte** (feiner Gemüsehobel) **Zwiebel** (nicht zu viel) **und Salz** darauf verteilen und die zweite Lage Kartoffeln, 1 EL Essig, 1EL Öl, Zwiebel, Salz und die dritte Lage usw….zuletzt Essig-Öl-Zwiebel-Salz, mit einem Wender vorsichtig umheben und ziehen lassen.

Kann ruhig 2 Std stehen. Vor dem Essen wird nochmal abgeschmeckt, da die Kartoffel die Würze ziemlich aufsaugt und in der Regel nachgesalzen werden muss. Ein Schuss Öl, wenn der Salat zu trocken ist, schadet ebenfalls nicht!

GULASCH

hat sich nach langem Experimentieren ebenfalls auf der Liste der Lieblingsrezepte in eine Spitzenposition hochgearbeitet.

Das liegt nicht zuletzt daran, dass ich kein vorgeschnittenes Gulasch mehr kaufe, weder beim Metzger, noch im Markt, sondern dass ich mir mein Fleisch aussuche und es selber zurechtschnippele.

In der Regel nehme ich 3 Pfund, da das in etwa passend für meinen Bräter ist.

Ich nehme dafür vorzugsweise ein Stück aus der **Keule, dem Bug, Hohe Rippe** oder auch gemischt, jedenfalls muss es etwas durchwachsen sein.

Das Fleisch schneide ich in **etwa 2-3cm große Würfel**. Jetzt wird portionsweise und **ungewürzt** in sehr heißem „**Butaris**" angebraten.

In meiner Küche spielt Butterfett eine tragende Rolle. Auf dem 2. Rang steht Margarine und hintenan steht Schweineschmalz (für panierte Schweineschnitzel oder -kotelett und Sauerkraut). Meine Mutter hat alles mit Kokosfett gebraten, waren sicher auch Kostengründe damals, denn Butterfett, egal ob Butaris oder anderes, ist ja nicht gerade billig.

Also: Nachdem das Fleisch portionsweise schön angebraten ist und neben dem Bratentopf auf weitere „Schikanen" wartet kommen zunächst 5-6 grobgeschnittene (grober Gemüsehobel) **Zwiebeln** in das Fett und werden unter mehrmaligem Wenden angebräunt - dauert bei der Menge etwa 10min, bis alle die richtige Farbe haben.
Wenn ich mit dem Ergebnis zufrieden bin, kommt das Fleisch wieder dazu, wird gemischt und gewürzt mit frisch **gemahlenem Pfeffer** (nicht zu wenig) **und Paprika edelsüß in EL-Portionen** (für 3 Pfund wenigstens 2 EL). **KEIN SALZ!!!** Salz gebe ich erst zum Abschmecken ganz zum Schluss an mein Gulasch, weil ich immer noch dem alten

aber angeblich überholten Irrglauben unterliege, dass Salz vor dem Braten dem Fleisch Flüssigkeit entzieht und so Austrocknung und Zähigkeit Vorschub leistet!

Ordentlich unter Wenden weiterbraten und dann mit Brühe (wie immer, wenn's gut werden soll, Knorr) auffüllen bis das Fleisch fast bedeckt ist.

Aufkochen lassen, Hitze auf etwa die Hälfte reduzieren und Deckel drauf. Das Gulasch muss jetzt langsam und sachte vor sich hinbroddeln.

Um Gottes Willen nicht stramm kochen!

Immer mal wieder durchrühren und bei Bedarf, was aber meistens gar nicht nötig ist, nochmal Brühe angießen.

Nach 1 ½ - 2Std. ist das Gulasch in der Regel durch.

JETZT wird gesalzen! Und keine Angst vor Salz! Wer es scharf will kann noch mit Chili nachhelfen, aber in der Regel ist das Gulasch würzig genug.

 Die Soße sollte jetzt durch die Zwiebeln eingedickt sein und nicht mehr gebunden werden.

Mein Mann greift dazu wieder auf seine Semmelknödel zurück, evtl. vom letzten Mal scheibenweise gefrostet, im Sieb über kochendem Wasser aufgetaut und erhitzt.

Alternativ passen sehr gut:
KARTOFFELKNÖDEL!

Das war bei uns zuhause CHEFSACHE!
Mama hat die **Kartoffeln** gekocht und durchgepresst, und dann hat sich Papa in Positur gebracht.
Mit **Eiern, Mehl, Salz, Pfeffer und viel Majoran** hat er einen Teig hingezaubert, der zwar erst nach mehrfachem Experimentieren dem Salzwasser standhielt aber letzten Endes doch die Wandlung zu PAPA LEWERTHs unvergesslichen, aber immer wieder nach Lob heischenden Kartoffelknödeln toleriert hat.
Dazu muss man wissen, dass Papa als studiertem Diplomchemiker das Experimentieren nicht fremd war, und er auch ausserhalb seines Labors diesem eisern „die Stange hielt.
Das ist MIR zu stressig!
Ich greife dazu gerne auch auf „**PFANNI halb und halb"** zurück.
Nur haben wir – angeraten und jahrelang praktiziert von der Mutter eines Freundes, die Herstellung etwas variiert. Wer weiß nicht, dass das Pulver üblicherweise in Wasser angerührt und nach dem „Quellenlassen" dann zu Knödeln geformt wird. WIR machen das jetzt anders. Wir ersetzen das Wasser durch

1-2 Eier vermischt mit Milch in vorgegebener Menge. Weiteres Vorgehen nach Vorschrift, und....die Knödel werden samtig weich. Natürlich kann man noch nachwürzen, z.B. Majoran oder Muskat, oder auch Kräuter zugeben.

Meine Notizen

Aber ich für mein Teil liebe
SPÄTZLE!

Man sollte nicht meinen, dass ich mich in früheren Zeiten großteils von Miracoli ernährt habe. Ich erinnere mich, dass mein Mann mir oftmals mitten in der Nacht Miracoli zubereitet hat. Zu Spätzle hatte ich eher ein ambivalentes Verhältnis, da sie bei meiner Mutter, die die schwäbische Tradition des Schabens eher pflegte als beherrschte, in der Regel XXL-Format hatten und bei uns Kindern als Wasserspatzen verschrieen waren.
Schwester Erna, gebürtige Schwäbin und Nachtschwester im Krankenhaus versuchte jahrelang und in langen Nächten vergeblich, meiner Miracolisucht mit ihrer Spätzlevariation entgegenzutreten. Erst 2012, als Miracoli an Geschmack verlor und ich nach längeren Recherchen feststellen musste, dass Kraft von Mars übernommen und
- trotz Versicherung „Klassiker" und „Originalrezept" - Geschmackseinbußen hinnehmen musste, konnte ich den Entzug mehr oder weniger unbeschadet überstehen.

Ich erinnerte mich an Schwester Erna und ihre Spätzle. Da man auch die gut einfrieren kann lohnt es sich immer, eine Portion mehr zuzubereiten.

Ich nehme **für 1 Ei 100g Mehl, etwa 30ml Wasser und etwas Salz**, also für 4 Personen 4 Eier, 400g Mehl, ca. 120ml Wasser und eine gute Prise Salz. Bei Bedarf kann man Wasser oder Mehl ergänzen. Der gemischte und bis zur Blasenbildung geschlagene Teig sollte zäh, aber nicht zu fest sein.

Da mir das Schaben vom Brett weiß Gott nicht von der Hand geht (Erbstück!!! meiner Mutter) benutze ich eine Spätzlepresse, die in keinem Haushalt fehlen sollte. Sie eignet sich auch zur Herstellung von Kartoffelbrei und in der Not auch für Apfelmus. Umgekehrt kann man mit einer Kartoffelpresse aber keine Spätzle machen.

Die Spätzle werden mit der Presse in kochendes Salzwasser gedrückt, wobei man darauf achten sollte, dass der Abstand Presse – Wasser nicht zu groß ist. Sobald sie an die Oberfläche kommen und kurz aufgekocht sind, werden sie mit einem Sieblöffel herausgenommen. Man kann sie im 100°C vorgewärmten Ofen gut vorhalten oder auch später in einer mit Butter verwöhnten Pfanne wieder erhitzen,

und wer
KÄSESPÄTZLE

liebt gibt darauf dann geriebenen Käse und hebt diesen in der Pfanne unter.

Mein Mann bevorzugt dabei einen eher herzhaften Bergkäse während ich eine etwas mildere Form präferiere, was uns dazu gebracht hat, den Käse, den wir übrigens selber reiben, einfach zu mischen.

Garniert werden die Käsespätzle dann mit Zwiebelringen, die wir mehliert in reichlich heißem Öl „frittiert" haben, und anschließend in der Pfanne serviert. Ein grüner Salat, oder im Winter ein Feldsalat, hat sich als optimale Ergänzung durchgesetzt.

Spätzle sind auch sehr gut portionsweise einzufrieren, bei Bedarf taue ich sie unter fließendem heißem Wasser auf und gebe sie direkt in reichlich Butter in die Pfanne zum Erhitzen.

Meine Notizen

Ich weiß nicht, warum mir jetzt gerade die
GRÜNE SOSSE
in den Sinn kommt.

Vielleicht, weil sie mal eines **meiner** Lieblingsgerichte ist - mit Salzkartoffeln und gekochten Eiern!

Die Grüne Soße ist ein ganz heikles Thema und hat
sich weiß Gott nicht unverdient sogar auf Festival-
Niveau hochgejubelt.
Eine meiner Freundinnen, kein großer Fan von
dem „Grünfutter", eher im Gegenteil, da schlechte
Erfahrungen, hat sich bei mir anfangs eher wider-
willig durch die „Götterspeise", als die sie sich für
mich entpuppt hat, gequält und auf den ersten
Happen verliebt.
Bei mir wandert die „Grüne Soße" aus der Verpa-
ckung mit Stumpf und Stiel direkt durch den
Fleischwolf – und eine schöne **Zwiebel** hinterher!
Man sollte sich schon beim Kauf von der Frische
der Kräuter überzeugen und sie zuhause auch
nicht länger lagern, sondern am gleichen, spätes-
tens aber am nächsten Tag verarbeiten.

Die Basis für meine Soße ist <u>**zu gleichen Teilen**</u>
<u>**saure Sahne, süße Sahne und Mayonnaise**</u> (die
Frankfurter mögen mir die Mayonaise verzeihen

und können, sollten sie es mit der Traditionstreue sehr ernst nehmen, diese gerne weglassen, was m.E. aber sehr zulasten des (meines) Geschmacks geht.

Diese Mischung ist übrigens auch die Basis für meine **Matjes Hausfrauenart**. Für jeweils 200ml – süsse Sahne, saure Sahne, Mayo (ist üblicherweise so verpackt) – nehme ich 2 Päckchen Kräuter. Ich mische saure Sahne, süße Sahne und Mayonnaise („Thomy Delikatessmayonnaise") mit dem Schneebesen, und schmecke mit **ordentlich Senf, einem Schuss Essig, Pfeffer, Salz und evtl. Zucker** ab. Dann die Kräuter mit der Zwiebel dazu und fertig.
 Falls die Soße zu dick ist, kann man sie sehr gut mit **Gurkenbrühe** verdünnen. LECKER!!!

Und da wir es eben schon mit meinen
MATJESFILETS HAUSFRAUENART
hatten machen wir damit gleich weiter.
Die Matjes hole ich mir aus dem Markt. Man sollte nicht unbedingt die billigsten, aber man muss auch nicht die teuersten nehmen.
Sie werden in reichlich Selterswasser für etwa ½ Std. gewässert und abgetrocknet. Die Soße mache ich wie oben beschrieben aus gleichen Teilen

saure Sahne, süße Sahne und Mayonnaise und würze mit Salz und Pfeffer.

Die Zusammensetzung habe ich von einer Wirtin in Seligenstadt, die in ihrem Lokal die Filets auf Tellern anrichtete, mit dieser Soße begoss und obenauf Zwiebelringe setzte. Ich war damals begeistert, habe das Rezept aber wie immer variiert. Ich lege die Matjes, schichtweise, Soße, Matjes, geschnittene Zwiebeln, Gurken, Äpfel, Soße, Matjes, geschnittene Zwiebeln, Gurken, Äpfel usw. - die letzte Schicht sollte Soße sein - in einem Heringstopf ein, lasse sie dann wenigstens 3 Tage abgedeckt im Kühlschrank durchziehen.

Sollte jemandem die Soße zu dick sein kann man sie sehr gut – auch vor dem Essen noch - mit Gurkenbrühe verdünnen.

Meine Notizen

Und da die Globalisierung auch vor unserer Küchentür nicht halt macht, habe ich mir in Spanien ein Rezept abgeguckt, mit dem ich meinen Mann um den Finger wickeln kann. Ich schaue auch öfters Freundinnen beim Kochen über die Schulter und so auch in Spanien.
GAMBAS PIL PIL!

Gambas sind Garnelen, wie man sie in fast jedem Markt, mittlerweile auch bei Aldi und Lidl, schon vorgekocht zu kaufen bekommt.
In Spanien macht man sie mit rohen, mir sind die gekochten auch recht! Die Gambas werden geschält und vom Darm befreit, vielleicht sind sie ja auch schon beim Kauf komplett geputzt.

Ich mache sie natürlich, wie traditionell üblich, in einer Tonschale, die nach dem Kauf unbedingt, aber nur einmalig für 24 Std. gewässert werden muss, damit sie der Hitze standhält. Geeignet ist das Tongeschirr für Gas, Elektroherde, Cerankochfelder und sogar für Induktion.
Bei Induktion, wie in unserem Haushalt, aber nur unter Verwendung einer Eisenplatte!
Zwischen Induktionsfeld und Schale geduldig ausharrend garantiert sie die Verständigung der

beiden Partner, sie ist in jedem Supermarkt zu haben.

Reichlich Olivenöl (1/2 bis 1cm) in die Schale, dazu **2-3 kleine Chilischoten** (u.U. getrocknet) und erhitzen bis Bläschen aufsteigen (Probe mit Holzlöffelstiel!). Inzwischen **3-4 Knoblauchzehen** schälen, klein würfeln und mit einem guten TL **gekörnter Brühe** und den geputzten Gambas in das sehr heiße Öl geben. 1-2TL **Paprika edelsüß** unterrühren und warten, bis alles aufkocht. Dann wird noch mit gehackter Petersilie gehübscht und – fertig!
Sie werden noch kräftig bruzzelnd in der Schale serviert und auch aus dieser heraus gegessen, mit Weißbrot, das auch zum Austunken des Öls benutzt wird. Bei frischen Gambas verlängert sich die „Bruzzelzeit" entsprechend auf ca. 3-4min??

An dieser Stelle soll unser
GAMABASSALAT,
immer wieder gerne als „amuse geule" gereicht und auch gegessen, noch zu Wort kommen.

Ich nehme dafür gleiche Teile grüne **Paprika, entkernte Tomaten und Zwiebeln,** alles in kleinste Würfel geschnitten, gebe geputzte und geschnitte-

ne **Gambas** dazu, gleiche Teile **Essig und Öl, Pfeffer und Salz**. Nachdem alles gut durchgezogen ist
nochmal nachwürzen!!!

Meine Notizen

Noch so ein Favorit meines Mannes und wiederum untrügliches Zeichen für die Globalisierung ist:

TSATSIKI

Ein Tag ohne Tsatsiki ist mittlerweile selbst für unseren Kühlschrank kein guter Tag.

Das Rezept ist meinem Mann wie ins Hirn gebrannt und ich befürchte, zumindest was dieses Rezept und dessen Umsetzung betrifft, sind bei ihm auch mit zunehmendem Alter weder der Kognition noch der Aktivität Grenzen gesetzt.

Die Hälfte einer großen **Salatgurke** schält und halbiert er, entfernt die Kerne, was am besten mit einem Kaffeelöffel funktioniert, und raspelt sie grob. Dazu gesellen sich 250g **Quark 40%** und ein kleiner Becher **griechischer Joghurt**, oder auch deutscher, weiter **2 Knoblauchzehen** gepresst oder sehr fein gehackt, 1 Prise **Salz**....und fertig ist sein Traum! Wer will kann noch gehackten Dill untermischen.

Ich komme damit zurecht!....

Ich esse sehr gerne
KARTOFFELGRATIN,

z.B. zu allem Kurzgebratenen, habe ihn aber früher
nie selber gemacht, weil ich keine Ahnung hatte,
wie. Keine Ahnung bis mir meine Freundin Ulla
ein so simples Rezept verraten hat, dass das Ergebnis schon als verblüffend zu bezeichnen ist.

Meine Annabell (wahlweise oder wenn vorrätig
Nicola) schäle ich und hobele sie in dünne Scheiben. In einer Schüssel werden sie mit **geriebenem
Käse** (nach Gusto, sollte schon gschmackig und
gschmelzig sein, aber nicht zu viel) und etwas **Salz**
gemischt und danach in eine gebutterte Ofenform
gekippt. Dann fülle ich **Sahne** auf, soviel, dass die
Kartoffeln fast bedeckt sind, streue nochmal Käse
darüber und schiebe ihn bei 180°C **Heißluft** auf
mittlerer Schiene in die Röhre. Nach ca. 1-1½ Std.
sollte der Gratin verzehrbereit sein, er sollte eine
schöne Farbe haben und kann auch gut bis zu ½
Std. im warmen Ofen vorgehalten werden.

Meine Notizen

Etwas raffinierter ist unser
KARTOFFELGRATIN AUS DER MUFFIN-FORM.

Die Form wird ausgebuttert und mit Semmelbrö-seln ausgestreut. 8 **festkochende Kartoffeln** wer-den sehr fein gehobelt und in die Formen verteilt. **200ml Sahne, 100g Creme fraiche** werden ge-mischt und mit **Pfeffer, Salz und Muskat,** wer will auch 2 durchgepresste **Knoblauchzehen,** gewürzt und die Kartoffeln damit übergossen. Darüber streut man geriebenen **Käse** (nach Gusto) und schiebt das Ganze dann für ca. 30min in den auf 180°C Heißluft vorgeheizten Ofen. LECKER!!!

Meine Notizen

Es gibt Tage, da schätze ich es nicht, über Essen zu reden, es sei dahingestellt, ob aus Mangel an Appetit, Übersättigung oder sonstigen Gründen, jedenfalls gibt es an diesen Tagen bei uns in der Regel:

SPINAT
…mit Salzkartoffeln und Spiegeleiern, eines meiner Lieblingsgerichte, einfach, ideenlos, aber guuuut!

Ich mache mir allerdings nicht die Mühe, frischen Spinat zu blanchieren und zur weiteren Verwendung kleinzuhacken oder zu wolfen, wie meine Mutter das zu tun pflegte.
Bei mir gewinnt der Spinat aus dem Frost das Rennen, der kann es auf alle Fälle mit dem frischen Spinat aufnehmen. Ich bevorzuge Rahmspinat, im Supermarkt bereits für 49 Cent zu kriegen, sowohl bei „EDEKA" (gut und günstig), „Aldi" und auch „Lidl" (Hausmarken!).

In einen Topf, der groß genug ist für den Klotz, gebe ich ausreichend **Margarine** und schwitze **1 gehackte Zwiebel** darin an, dann wandert der Klotz in die Tiefe, Deckel drauf und der Spinat darf bei ganz kleiner Hitze dahinschmelzen. Immer mal wieder aufdecken, den Klotz drehen und durchrühren. Keine Flüssigkeit dazu(!), lieber Hitze weiter runterdrehen. Abschmecken tue ich zum Schluss mit…..na was? ……. **STREU-WÜRZE** von Knorr!

Ich weiß nicht, wie ich jetzt auf **CRUMBLE** komme, vielleicht, weil ich jetzt nach so viel Würzigem unbedingt was Süßes brauche. Ich stelle immer wieder fest, dass viele nicht wissen, was ein Crumble ist, dabei ist das eine der besten und auch einfachsten Nachspeisen, die ich kenne, und die immer wieder für viel Aufsehen sorgt. Wir durften und dürfen noch einige Engländer zu besten Freunden zählen und in England ist CRUMBLE ein MUSS! Crumble bedeutet nichts weiter als Krümel, auf gut Deutsch Streusel, und steht für mit Streuseln überbackenes Obst, gleich welcher Art.

Ich liebe z.B.
RHABARBERCRUMBLE.
Für die „Krümel" nehme ich **2 Teile Butter, 2 Teile Zucker und 3 Teile Mehl**, also z.B. 100g/100g/150g - reicht nur für einen kleinen Crumble oder 150g/150g/225g je nach benötigter

Menge, man muss schon ein bisschen rechnen können – meine Mutter nahm immer alles zu gleichen Teilen und ihr Streusel schmolz auf dem Kuchen dahin, was ich nicht so mag – und knete meine Streusel. Je nach Geschmack kann man auch Zimt zugeben oder mit gehackten Nüssen ver„bessern", aber mein Mann sagt immer: Keine Experimente!..und recht hat er.

Die Rhabarberstangen werden geputzt, heißt abgezogen, und in ca.2-3cm Stücke geschnitten. Danach kommen sie in eine gebutterte Form - gut zu Gesicht steht dem Crumble die Tonform - werden ausreichend gezuckert, die „Krümel" dick drüber und ab in den vorgeheizten Ofen, 200°C Ober – Unterhitze, mittlere Schiene, 20-25min.
Die Streusel sollten schon leicht knackige Farbe haben. Danach etwas abkühlen lassen und noch warm mit geschlagener Sahne servieren.

GÖTTLICH! Die Engländer lieben die Sahne halbgeschlagen, heißt noch leicht fließend!
Übrigens: Morgen gibt es das bei uns mit Erd- und Heidelbeeren…gleiches Rezept…zuckern usw.
Man kann Crumble grundsätzlich mit jedem Obst machen.

Und weil ich gerade bei Desserts bin gleich noch ein schnelles und einfaches Rezept:
KAISERSCHMARRN.

Pro Ei nehme ich 2 gehäufte EL Mehl etwas Milch 1 kleine Prise Salz und Zucker nach Belieben (als Hauptspeise, oder auch für meinen Mann als Nachspeise, rechne ich pro Person 1 Ei.) Die Eier werden getrennt, Eiweiß steif schlagen. Eigelbe mit Mehl, Salz, Zucker und so viel Milch, dass es einen dünnen Teig gibt, gut mit dem Schneebesen schlagen. Bevor ich den Eischnee unterhebe, lasse ich den Teig für 15min ruhen. So hat das Mehl Zeit zum Quellen.

Eischnee unterheben und in der Pfanne in sehr heißem **Butaris** bei dann runtergeschalteter Hitze einen dicken Pfannkuchen ausbacken.

Wer will kann nach dem Anbacken **Rosinen** auf den Teig rieseln lassen. Ich wende ihn erst, wenn er fast durchgebacken ist.

Keine Angst vor dem Wenden. Sicherheitshalber kann man ihn auch teilen und die Hälften wenden. Missglückt das, kein Problem! Der Schmarrn wird ja nach dem Wenden direkt mit 2 Gabeln in Stücke gerissen und in Stücken weitergebraten, bis er durch ist und eine schöne Farbe hat

Die Östereicher geben ihn übrigens nach dem Anbraten zum Durchgaren in den Ofen.

Mit **üppig Puderzucker** bestreuen und heiß servieren.
Wenn man ihn noch fluffiger will, kann man auch
etwas Backpulver zugeben.
Dazu serviert man ein Kompott!

Meine Notizen

Mein Favorit zu Schmarrn ist auf alle Fälle:
ZWETSCHGENRÖSTER.

Lässt sich auch gut portionsweise einfrieren, was mich dazu verleitet, zur Zwetschgenzeit für das zwetschgenfreie Restjahr vorzubauen.

Die Zwetschgen werden entsteint, geviertelt, mit **Zucker** und **1 Zimtstange,** die später leicht zu entfernen ist, ohne Wasser aufgekocht und für ca. 5-10min auf kleiner Flamme gegart. Wenn mir die Zwetschgen zu süß sind säuere ich mit Zitrone nach. Die Konsistenz wird von der Zeit bestimmt und ist individuell variabel – heißt, muss jeder für sich entscheiden oder: Geschmacksache.

Gefrostet lässt er sich gut in der Micro auftauen und leicht erwärmen.

Meine Notizen

Im Moment ist Spargelzeit. Mit
SPARGEL
kann man wunderbar arbeiten.

Neulich habe ich mir in einer Kochshow ein Rezept abgeschaut, was ich unbedingt weitergeben
muss!
Meinen Spargel koche ich immer in gut gesalzenem Wasser mit einer gehörigen Portion Zucker,
in dem ich vorher schon die Schalen gekocht habe,
aber bitte nicht länger als 15min., da der Sud sonst
bitter wird.
Kochzeit des Spargels liegt bei längstens 10min,
denn Spargel gart nach!
Für mein Rezept „**Spargel Cordon bleu**" nehme
ich den Spargel schon nach 5min raus und lasse
ihn abkühlen. Danach werden jeweils 3-4 Stangen
in eine mit **geriebenem Käse** bestreute Scheibe
gekochten Schinken gewickelt, evtl. mit etwas
Zwirn fixiert, in **Mehl, Ei und Semmelbröseln**
gewendet und in reichlich heißem Fett (z.B. Rapsöl) goldbraun ausgebacken. Den Zwirn kann man
danach ganz leicht wieder entfernen.

Meine Notizen

Dazu gibt's
SCHWENKKARTOFFELN,

sind kleine, gekochte Pellkartoffeln, die heiß mit
(Drillinge) oder auch ohne Schale in ausgelassener
Butter leicht angebräunt werden.
Salzen nicht vergessen! Gut macht sich auch etwas
gehackte Petersilie oder auch Kümmel –
......und grünen Salat.

Ansonsten habe ich mir **Spargelgemüse,** wie meine Mutter es machte - nämlich, den Spargel schälen, in Stücke schneiden, kochen wie oben beschrieben, mit Hilfe des Spargelsuds eine Mehlschwitze herstellen, mit Sahne verfeinern, mit Salz
abschmecken und den abgetropften Spargel rein,
fertig – weitgehend abgewöhnt. Und das nur, weil
mein Mann bei weißen Soßen nicht mitzieht!
Also muss ich überwiegend **Stangenspargel** machen und dann auch noch essen.

Dazu gibt's Sauce **Hollandaise** aus der Tüte (natürlich von „Thomy") und für meinen Mann **ge-
röstete Semmelbrösel** (beim Rösten bitte nur ganz
wenig Fett verwenden) und **braune Butter,** die ich
separat mit wenig Semmelbröseln auslasse (beides
wird bei der Zubereitung **leicht gesalzen,**

schmeckt einfach nicht so langweilig), wobei er zusätzlich **geriebenen Parmesan** auf Spargeln auch große Bedeutung beimisst!

Als Beilage!! zu Stangenspargel gab es früher bei uns oft
SCHWEINELENDE IM BLÄTTERTEIG,

was ich mir heute fast schon wieder abgewöhnt habe, da es, einmal bei uns gegessen, im Freundeskreis hundertfach immer wieder aufgetaucht ist und so für mich an Reiz verloren hat.
Heute greife ich gelegentlich gerne wieder einmal darauf zurück.

Ich mache **Blätterteig** grundsätzlich nicht selbst. Das können Andere besser! Der Fertigteig wird ausgerollt, darauf kommen an den unteren Rand nebeneinander **4 Scheiben gekochter Schinken,** darauf **4 Scheiben mittelalter Gouda** oder nach Gusto ein anderer würziger fetter Käse nach Kühlschrankangebot, was auch immer raus soll. Die **Schweinelende** wird gepfeffert und gesalzen, und in den belegten Blätterteig locker!!! eingepackt. Das dünne Ende der Lende habe ich vorher umgeschlagen, sodass ein mehr oder weniger gerades Stück entsteht. Mit Blätterteigresten verzieren (oder auch nicht), mit **Eigelb** bestreichen und bei 220°C Ober-Unterhitze für 40-45min. ins Rohr. Gelegentlich platzt der Teig (wenn zu fest gerollt) und der Käse läuft ein bisschen aus, aber das tut dem Geschmack keinen Abbruch.

Bei diesem Gericht kann man auf Kartoffeln verzichten, ein grüner Salat passt aber immer!

PANIERTES SCHWEINESCHNITZEL
ist auch, zwar keine neue, aber SUPERIDEE zu Stangenspargel.

Favorisiert mein Mann, wenn der Spargel nicht gerade im Schinken-Käse-Mantel antanzt! Er stirbt nämlich für Panade.

Für Schnitzel nehme ich grundsätzlich **LENDE**!! Die schneide ich in ca. 1,5cm breite Medaillons, drücke diese mit dem Handballen flach (bei mir muss sich das Fleisch keiner Folter unterziehen), salze und pfeffere, ziehe die Schnitzel durch Mehl, Ei und Semmelbrösel und brate sie in sehr viel(!) heißem Fett an.
Ich favorisiere hierbei Schweineschmalz, gerne aber auch Butaris, schalte die Hitze zurück und lasse sie unter ständigem Schwenken und nach

dem Wenden auch Übergießen ihr „Seepferdchen"
machen. Schnitzeln darf man keine Ruhe gönnen,
sie können sonst sehr hart reagieren. Meine
Schnitzel brauchen selten länger als 5min, raus
und auf Küchenkrepp abtropfen.
Im warmen Ofen können sie für kurze Zeit vorgehalten werden.

Gelingen eigentlich IMMER!

Meine Notizen

Für mein beliebtes
SPARGELSÜPPCHEN,

das ich aus übriggebliebenen Spargeln zaubere,
oder aber auch aus „Spargelbruch" greife ich immer wieder mal auf **„Knorr"** zurück. Da gibt es
eine wirklich gute **Spargelcremesuppe**, die ich als
Basis verwende.
Zubereitet wird sie nach Packungsanweisung, nur
nehme ich anstelle der vorgeschriebenen Menge
Wasser die 1 1/2 fache Menge von meinem Spar-
gelsud. Von den übriggebliebenen Spargelstangen,
die ich sonst auch gerne zu **SALAT** verarbeite, in-
dem ich einfach die übrige Salatdressing inkl.
Kräuter darüber gieße, gebe ich eine handvoll
klein geschnitten in die fertige Suppe, püriere
durch und gebe anschließend die restlichen ebenfalls kleingeschnittenen Spargelstücke dazu, mit
Sahne leicht verdünnen , aufkochen evtl. nachwürzen und.....fertig!

Die Spargelzeit ist leider kurz und wir essen das
edle Gemüse ausschließlich in der Saison. Spargel
aus fremden Ländern kommen bei uns nicht auf
den Tisch! Auch konserviert oder gefrostet ist es
kein Highlight!

Unsere Eltern hatten früher einen Garten, in dem auch Spargel wuchs. Und nicht nur Spargel, sondern auch **ERDBEEREN**, die sich zeitlich nur leicht versetzt zum Start in unsere Küche bereit machten. Wie oft gab es früher bei uns zuhause abends Erdbeeren mit Butterbrot!...oder auch mittags Erdbeertorte (Bisquitboden mit Erdbeeren und Tortenguß!).

Im Haus meiner Schwiegereltern wurde ich erstmals mit
<u>BISQUITROLLE MIT ERDBEEREN</u>
konfrontiert.

Für den Teig rühre ich **4 Eigelbe mit 125g** Zucker schaumig, rühre etwas **Zitronenabrieb** und **90g mit ½ TL Backpulver vermischtes Mehl** darunter und hebe zum Schluß den **steifen Schnee der 4 Eiweiße** darunter. Den Teig streiche ich auf ein mit gefettetem Backpapier belegtes Blech und lasse ihn im 180°C Ober-Unterhitze vorgeheizten Ofen ca. 15-20min goldgelb ausbacken. Dann wird er sofort auf ein mit Puderzucker bestreutes Küchenhandtuch gestürzt und mit selbigem von der Längsseite locker aufgerollt. Dann wartet die Rolle geduldig bis nach dem Auskühlen auf weitere Verwendung.

Ich brauche etwa **1 große Schale Erdbeeren.**
Zuvor lege ich mir zwecks Dekoration die schönsten 8-10 Erdbeeren zur Seite, der Rest wird je nach Größe geviertelt oder geachtelt.
2 Becher Sahne schlage ich mit etwas **Zucker** sehr steif, unter die eine Hälfte werden die Erdbeeren gehoben, die Rolle wird vorsichtig entrollt, gefüllt und wieder aufgerollt. Danach verteile ich die restliche Sahne auf der Rolle und ziehe sie mit einer Gabel rundum, verteile die Erdbeeren, denen ich den Stiel gelassen habe, obenauf und raus geht's zum Verzehr.
Man muss das probiert haben!

Bei meiner Schwiegermutter habe ich auch ihren legendären
ERDBEERSTREUSELKUCHEN

kennengelernt, und den hat sie immer mit HEFE-TEIG gemacht. Nun bin ich nicht der große Bäcker, wie bereits erwähnt, völlig ungeübt im Hefeteig! Deshalb kommt der bei mir aus der Tüte: „**HEFE-TEIG GARANT**" von „**DR. OETKER**"!, wie übrigens alle meine Backzutaten von „Dr. Oetker" kommen. Das habe ich kritiklos von meiner Mutter übernommen, aber damals gab es ja auch noch keinen RUF und Konsorten, zumindest uns nicht

bekannt! „Hefeteig Garant" geht schnell, muß nicht lange gehen und gelingt IMMER!
Darauf werden die halbierten Erdbeeren verteilt, **Streusel aus 100g Butter, 100g Zucker und 150g Mehl** toppen das Ganze, wandern geschlossen für 30min in den auf 200°C Ober-Unterhitze vorgeheizten Backofen und geben leicht gebräunt dem Kuchen das angemessene Aussehen.
Vor dem Verzehr ordentlich mit Zucker PUDERN!

Und wenn man das Ganze ohne „Garant" als Grundlage macht, hat man halt einen CRUMBLE! Ich kenne keine bessere Verwendung für Erdbeeren.

Meine Notizen

Wir kannten früher nur Saisongemüse, Erbsen aus der Dose habe ich zum ersten Mal bei den Eltern meines Mannes in den 60ern zu Gesicht bekommen, da war ich immerhin schon 18!!!
Karotten gab es auch nicht aus der Dose, die schlummerten bei uns im Keller im Sandbett, zusammen mit rote Bete.
Salat gab es im Winter nach Auszeit des Endiviensalats noch gelegentlich als Feldsalat, aber wir haben – auch ohne Dosen - alle überlebt!!...und heute noch liebe ich Wintergemüse, das früher in einem entsprechenden Keller mit Lehmboden vor sich hindümpelte.

Ich liebe sämtliche Kohlarten, von Rüben ganz zu schweigen, und aus
KOHLRÄBCHEN

lässt sich ein Gourmettraum zaubern, der seinesgleichen sucht. Wieder einmal ist es die **Margarine**, die ranmuss!
Die Kohlraben – aufpassen, dass man keine holzigen erwischt – schäle ich und schneide sie in grobe Spalten (grober Gemüsehobel). Dann wandern sie in eine große Pfanne, in der sie bereits von der

ausgelassenen Margarine (nicht sparen!) erwartet werden.

Gewürzt mit **Streuwürze („Knorr Gemüsebouillon")** und mit einem Deckel geschützt dürfen sie für 10-15min bei reduzierter Hitze langsam garen….evtl. etwas Wasser angießen. Gelegentliches Wenden danken sie mit gleichmäßiger Zartheit!

Beim Gemüsehändler wird der Kohlrabi mit Blättern gehandelt, deswegen bevorzuge ich den Kauf dort. Die Blätter hacke ich nämlich ziemlich klein, gebe sie nach entsprechender Garzeit zu dem Gemüse dazu und lasse sie noch kurz mitdünsten. Gewürzt wird letztendlich noch mit **Salz**.

Es ist zwar nicht jedermanns Sache, aber Kohlrabi freuen sich riesig über einen finalen Schuss **Sahne**, der dann noch leicht reduzieren darf……fertig

Kontrastprogramm
RINDERROULADEN!

Krass, aber passt! Fleisch nur beim Metzger und gut abgehangen!! Die Roulade würze ich einseitig, bestreiche sie gut mit **Senf**, gebe je **1 Scheibe geräucherten Bauchspeck, gehackte Zwiebeln** und **1 Gurke** darauf und packe – unter Einschlagen der Seiten - alles ein. Damit die Roulade hält wird sie mit Küchengarn umbunden! Dann würze ich von außen mit **Pfeffer und Salz**, wälze sie dünn in **Mehl** (Überschuss bitte abklopfen) und brate sie in heißem **„Butaris"** von allen Seiten an. Dann müssen sie Platz machen, um einer grob gehackten Zwiebel Gelegenheit zu geben, das Ihrige dazu beizutragen.

Nachdem die einigermaßen angebräunt ist kommen die Rouladen wieder ins Spiel und das Ganze wird mit **Brühe** aufgegossen, sodass die Rouladen halb bedeckt sind. Deckel drauf, Hitze runter und nur leicht simmern lassen. Immer mal wieder nachschauen, die Rouladen wenden und evtl. Brühe nachgießen. Nach 1- 1 ¼ Std. sind die Rouladen durch. Ich wickele sie nochmal für ca. 20min in Alufolie und lasse sie ausschlafen, bevor ich sie auf den Tisch bringe.

Für die Soße fülle ich evtl. noch etwas Brühe auf und wenn nötig dicke ich mit „Mondamin Fix-Soßenbinder" leicht an. Meistens ist sie aber dank der mehlierten Rouladen gerade recht!

Wieder mal bei meinem Mann gepunktet!!!

LINSENSUPPE,

von vielen verkannt und doch so wertvoll, wenn auch mit zum Teil unangenehmen Nebenwirkungen behaftet. „Knorr" hatte früher einen genialen Linseneintopf oder –suppe, wie auch immer, aber die ist leider vor Jahren wohl völlig aus dem Interesse der Esser - damit auch aus dem komerziellen Gesichtskreis des Herstellers geraten. Plötzlich und ohne Vorankündigung war sie vom Markt verschwunden.

Nun bin ich eigentlich kein passionierter Linsenesser, aber hin und wieder packte mich die Sehnsucht, und sei es auch nur, wie bei mir zu vermuten, mangels Verfügbarkeit. Egal, ich habe sie vermisst, und was nachkam war mehr als bescheiden, ähnlich wie bei meinen „Miracoli".
„Knorr" war raus, und „Erasco" - oder wie sonst sie alle heißen - kann bei mir einfach nicht punkten. Für mich steht zu vermuten, dass Knorr über spezielle Lockmittel verfügt, die den Fertiggerichten und Würzmitteln beigefügt werden und eine gewisse Abhängigkeit – zumindest bei mir – auslösen. Wie dem auch sei, ich war in Not! Und Not macht, wie man weiß, erfinderisch, und so auch in diesem Fall.

Ich brauche **1 Karotte, 1-2 Kartoffeln, ½ Stange Lauch**, etwas **Sellerie 1 Zwiebel, 1 Konserve Bonduelle Linsen**, das sind pure gegarte Linsen ohne weitere Zutaten (ich bin nicht bereit, diese aus getrocknetem Material zulasten meiner Zeit auf den Stand der Konserve zu bringen), und wieder meine **Brühe**!!!

Das Gemüse inkl. Zwiebel wird einfach fein gewürfelt, **Margarine** bringt es ordentlich zum Schwitzen und die zugefügte **Brühe**, ruhig 2-3cm über dem Gemüse, sorgt nach ca. 15min für den erwünschten Garpunkt.

Nun kippe ich die vorher abgetropften Linsen dazu, lasse alles aufkochen, gehe 2x mit dem Pürierstab kurz in die Tiefe (der größte Teil des Gemüses und der Linsen bleibt so erhalten, die Suppe wird aber leicht sämig), fülle mit Brühe bis zur gewünschten Konsistenz auf, gebe einen guten Schuss **Essig** dazu und gehe nochmal mit **Salz und Pfeffer** drüber.

Schreibt mir, wenn ihr jemals eine bessere Linsensuppe gegessen habt!

Meine Notizen

KOHLROULADEN

sind besser als ihr Ruf!!!... ist nicht etwa von einem berühmten Philosophen, sondern von mir, und um meine Kohlroulade geht es ja schließlich und für sie verbürge ich mich!

Das Grundrezept für den Inhalt entspricht dem des Hackbratens wie vor: **375g gemischtes Hack, 1 eingeweichtes, ausgedrücktes Brötchen, 1 Kleingehackte Zwiebel, ein Ei, Salz und Pfeffer**...und wie gehabt: überwürzen!
Das ganze wird locker vermengt und nicht bis ins graue Koma geknetet!
Der Kohl wird seines Strunkes beraubt und kopfüber in einem großen Topf Salzwasser - so, dass er bedeckt ist - für 1-2min gegart. So lassen sich die äußeren Blätter leicht lösen. Er verbleibt in dem Salzwasser, bis die nächsten Blätter sich lösen usw. Auf diese Art bringe ich mich in den Besitz von 12-15 großen Kohlblättern, der Rest wird wahrscheinlich zu klein sein. Sollte die Fülle zu knapp werden, kann man diese durchaus mit vorgegarten, kleineren, gehackten Blättern oder auch gekochtem Reis verstärken. Schmeckt auch sehr gut.
Die Rippen der Blätter flache ich mit einem scharfen Messer ab, gebe auf jedes Blatt einen großen EL von der Fülle und packe sie unter Einschlagung

der Seiten ein. Man kann die Päckchen mit Küchengarn binden, ist aber, wenn man die Päckchen auf der Unterseite anbrät, meist nicht nötig.

Vor dem Anbraten wende ich die Päckchen noch in **Mehl**, klopfe Überschüsse ab, und ab in die Pfanne. Bei großen Mengen komme ich um den Ofen nicht herum. Die Knilche müssen nach dem Anbraten auf das tiefe Blech, werden mit Brühe angegossen und kommen bei 200°C für ca. 45min ins Rohr. Bei kleineren Mengen gare ich die Rouladen abgedeckt auf dem Herd für 35-40min. Die Soße/Flüssigkeit bekommt Unterstützung von in Butaris angeröstetem Speck und Zwiebeln und wird evtl. mit **„Mondamin Fix-Soßenbinder"** etwas eingedickt oder auch mit einem Sossenrest aus dem Froster verlängert.

Meine Freundinnen bereichern das Ganze auch gerne mal mit einer Fertigsoße, natürlich von „Knorr" (z.B. Bratensoße extra)....und dazu schmeckt am besten Kartoffelbrei und „Schlappkraut", wie meine Mutter Bayrisch Kraut immer nannte, das aus den Resten des Kohlkopfes zwischenzeitlich ruckzuck gezaubert werden kann.

BLUMENKOHL

ist wie alle Kohlsorten ein Highlight in unserer Küche, vielseitig, bei meinem Mann zuhause immer mit Semmelbröseln und brauner Butter, bei uns zuhause eher mit Bechamelsosse, heute aber, zumindest bei uns, vorzugsweise frittiert der Renner.
Unsere Freunde kennen frittiertes Gemüse eigentlich nur durch und bei uns.

In Ermangelung einer professionellen Fritteuse, die aber m.E. den Reihen der überflüssigsten Küchenutensilien zugeordnet werden kann, frittiere ich in einer österreichischen Schnitzelpfanne, die überdimensional hoch und ausreichend groß ist.
Den Blumenkohl teile ich in seine **Röschen** und blanchiere diese in Salzwasser für 5min vor.
Dann werden sie – mit einer Engelsgeduld, die eigentlich nur mein Mann aufbringen kann - in **Mehl, gesalzenem Ei und Semmelbrösel** paniert und in reichlich heißem (Holzkochlöffelprobe) **Rapsöl** frittiert, bis sie eine ausreichende Bräune erreicht haben. Fertig!

Passt eigentlich zu allen Gerichten oder solo oder mit anderem frittierten Gemüse und DIP.

So auch
PANIERTE CHAMPIGNONS,

die, allerdings roh, der gleichen Tortur unterzogen werden können und als Amuse geule ganz oben mitpunkten.

Meine Notizen

Von Suppen kann mein Mann nicht genug kriegen! Unter anderen ist meine
GEMÜSESUPPE

ein wahres Schätzchen.
Basis ist ein Bund **Suppengemüse**, wie man es in jedem Markt für ein paar Cent zu kaufen bekommt. Das holt sich eine **Kartoffel**, eine **Zwiebel** und jedwedes andere Gemüse, was sich noch so alles in unserem Kühlschrank breitgemacht hat, oder auch Erbsen aus dem Frost, zu Hilfe und geht ans Werk.

Zunächst wird möglichst klein geschnippelt.
Das beherrscht mein Mann, dank seiner stoischen Geduld, vorzüglich!

Dann wird zunächst die Zwiebel, dann Karotte und Kartoffel in reichlich **Margarine** angeschwitzt, dann folgen **Sellerie, Lauch, Erbsen und Co.**, reichlich **Brühe** sorgt für das erforderliche Ambiente und verbreitet ordentlich Hitze und nach 15min. kommt der Zauberstab in Aktion. Nur 2x tief eintauchen, dann evtl. Brühe nachgießen, mit **Salz** nachwürzen, etwas **gehackte Petersilie** für die Optik - und fertig ist die beste Gemüsesuppe der Welt.

Wer sie gerne glasklar isst kann auf den Zauberstab verzichten.

Natürlich wird bei meinem Mann die Vesper auch
ganz groß geschrieben. Und da ist sein absoluter
Favorit der
WURSTSALAT!

Basis für den Wurstsalat ist bei uns **FLEISCHKÄ-
SE!**
Habe ich mir bei dem Mann meiner Nichte abgeguckt und war begeistert, da viel gschmackiger als
die fade Mortadella oder Lyoner, die man üblicherweise verwendet.
Den Fleischkäse kaufe ich beim Metzger und lasse
ihn schon in dünne Scheiben schneiden. Pro Person rechne ich ca. 150g.
Für den Salat halbiere ich die Scheiben quer und
schneide sie dann in dünne Streifen….kann aber
jeder machen, wie er will!
Dann dürfen feingeschnittene **Zwiebeln** und **Ge-
würzgurken** (Menge nach Geschmack) das Team
komplettieren. **Pfeffer, Salz** und eine Mischung
aus jeweils 1/3 Essig und 2/3 Gurkenbrühe. Wem
das zu scharf ist, der kann mit Gurkenbrühe verdünnen.

Öl ist der Zutritt zu meinem Wurstsalat nicht gestattet, ebenso wie bei

SÜLZE!

Die kaufe ich im Supermarkt im Glas: **„Bauernsülze"**!

Ich drapiere die in Scheiben geschnittene Sülze auf einem großen Teller, verteile klein **geschnittene Zwiebeln und Gürkchen** darauf, salze und pfeffere und gebe meine Essig/Gurken-wassermischung darüber. Zu Beidem schmecken natürlich am besten ein frisches Bauernbrot mit Butter oder

BRATKARTOFFELN,

die auf speziellen Wunsch meines Mannes ebenfalls hier Erwähnung finden sollen.
Ich habe in unserem Freundeskreis – „Herr vergib Ihnen, denn sie wissen nicht, was sie tun" - vielfach mit ansehen müssen, was für Schäden man bei der Zubereitung derselben anrichten kann.

Bratkartoffeln mache ich aus am Vortag gekochten Pellkartoffeln. Zum Braten eignet sich sehr gut reichlich **„Butaris" oder auch Schweineschmalz**. Die geschnittenen Kartoffeln wandern in das heiße

Fett, werden gesalzen und bekommen jetzt ausreichend Zeit, ihre gewünschte Bräune anzunehmen, bevor sie gewendet werden.

Nichts stört die Kartoffel mehr, als andauerndes Gestochere, das nur dazu führt, ein eher matschiges Bratergebnis zu produzieren.

Zwiebeln und Speck, wenn gewünscht, gebe ich erst nach dem Wenden dazu, da insbesondere die Zwiebel sehr leicht verbrennt und der Speck gerne austrocknet.

Ich brate bei hoher Hitze an und schalte dann zurück.

Und wer keine gekochten Kartoffeln im Hinterhalt hat nimmt einfach rohe, schält sie und schneidet sie in kleine Würfel. Die werden für ca. 5min. gewässert, damit sie die Stärke verlieren (kleben dann nicht in der Pfanne zusammen), und in reichlich Margarine angebraten. Deckel drauf, Hitze runter und für ca. 20min. unter gelegentlichem Wenden weitergegart.

Das Ergebnis sind: knusprige, kleine Kartoffelwürfel, die handelsüblichen Pommes in Nichts nachstehen und superlecker sind.

Und da wir gerade beim Vespern sind gleich der

HANDKÄSE!
Auch so ein Favorit meines Mannes, aber mit **MU-SIK!**

Handkäse ist Sauermilchkäse, in Hessen als solcher, anderswo auch als **Harzer** oder **Mainzer Käse** bekannt. Die Hessen essen ihn eingelegt!
Es gibt tausende Rezepte, aber nach längerem Experimentieren schmeckt uns nachfolgendes am besten.

Zumeist sind 4 Handkäse pro Einheit verpackt. Die werden nebeneinander in ein geeignetes, der Menge angepasstes Gefäß, gelegt.
Darauf gebe ich **1 grobgehackte Zwiebel, wenig Salz, Pfeffer und gut 1TL Kümmel.** Für die Marinade mixe ich **4EL Öl, 6EL Essig und 1TL Zucker!** mit dem Schneebesen, bis sich der Zucker gelöst hat und übergieße den Handkäse damit.Fertig!

Das Ganze isst man üblicherweise nicht mit der Gabel, sondern: „Man schneide mit dem Messer ein Stück vom Handkäse ab, platziere ihn auf Butterbrot schaufle noch etwas von der „Musik" drauf und beiße einfach ab!"...usw. Wir heben ihn im Kühlschrank bis zu einer Woche auf.

Und da wir gerade beim Käse sind:
KOCHKÄSE,

ist zwar eher ein Favorit von mir, als von meinem Mann, aber so easy zuzubereiten, dass er den Platz in meinem Büchlein wert ist.

Das Rezept habe ich von einer guten Bekannten aus Amorbach, die damit die ortsüblichen Festivitäten bestückt.
Dazu nimmt sie **250g Butter, 1 Rolle (4Stck) Handkäse, 200g Sahnekäse, 200g Kondensmilch und 1 Becher Sahne.**

Butter, Hand- und Sahnekäse wandert kleingeschnitten und gemischt für ca. 4min in die Mikrowelle bei 600W (ggf. zwischendurch verrühren), danach Sahne und Kondensmilch mit dem Handrührgerät unterrühren, ½ **TL Natron** dazu und, wenn erwünscht, Kümmel nach Gusto – fertig! Gegessen wird das Ganze am besten frisch mit Zwiebelringen auf Butterbrot.

Was ich als Kind am meisten hasste war BROT-SUPPE, und die gab es nicht selten.
Wir waren 5 Kinder zuhause, heisst, wir saßen inkl. Haushaltshilfe zu den Mahlzeiten zu acht um

einen großen Tisch. Jeden Tag ein dreipfündiges Bauernbrot hinterlässt Reste, die es zu verwerten gilt.

Nun, wir hatten Hühner, die ein Ihriges dazu beitrugen, aber das hinderte meine Mutter nicht daran, regelmäßig BROTSUPPE aufzutischen, zumal mein Vater, wie von uns vermutet, in Erinnerung an schmerzliche Nahrungsmittelentbehrungen während zweier Weltkriege, gar nicht genug davon bekommen konnte.
Ich erspare mir das Rezept, zumal es auf unserer Speisekarte keinen Platz gefunden hat.

Heißhungrig waren wir dagegen auf **KIRSCHENMICHEL**.

Dafür nahm meine Mutter **8 geviertelte (Milch)brötchen vom Vortag** und weichte sie **in ³⁄₈ ltr = 375ml Milch**, verquirlt mit **3 Eiern** und **3EL Zucker** ein. Es ist sinnvoll, das Ganze mit einem Teller zu beschweren, damit die Brötchen in der Milch verbleiben und gut weich werden (ca. 1Std).
Meine Mutter hat die Masse dann durch den Fleischwolf gejagt, ich matsche, wie ich es bei meiner Nichte gesehen habe, die durchgezogene Mi-

schung lieber nur ordentlich mit den Händen durch.

Dann rühre ich **5 Eigelbe, 100gr Zucker und 100gr zerlassene – nicht heiße – Butter** schaumig, gebe **1 P Vanillezucker** dazu, danach die Brötchenmasse, nach und nach den **Eischnee von den 5 Eiern** und die gut abgetropften **Kirschen** (Schattenmorellen) aus dem Glas (Saft aufheben!). Früher kamen die Kirschen vom Baum aus unserem Garten

Das Ganze wandert dann in eine gebutterte und mit Semmelbrösel ausgestreute Auflaufform, wird noch mit **Semmelbröseln und Butterflöckchen** garniert und darf sich für ca. 1Std. bei 180°C Ober-Unterhitze im Ofen fertigbacken.

Der Kirschenmichel fuhr früher rund um die Welt, weil Lieblingsverpflegung der Familie auf Urlaubsreisen mit dem Auto. Man könnte rückblickend fast sagen: ohne „Michel" kein Urlaub!

Ich habe neulich aus dem abgeschütteten **Kirschsaft eine „Soße"** zubereitet, die so einfach aber gut als Beigabe ankam, dass sie hier Erwähnung finden sollte.

2EL Saft habe ich mit **2 gehäuften TL Speisestärke** (seit ich mich erinnern kann „GUSTIN") glattgerührt, den restlichen Saft mit 2EL Zucker und 1 Zimtstange aufgekocht, die Stärke eingerührt, kurz durchkochen lassen, vom Herd gezogen und abkühlen lassen. GENIAL!

Zurück zu Suppen! Eine meiner Favoriten ist die <u>SCHNECKENSUPPE!</u> (Elsässer Kochbuch)

Nicht jedermanns Sache, aber grandios – auch vom Arbeitsaufwand! Dazu braucht man: **4 Schalotten, 3 Knoblauchzehen, 125g Champignons, 1 Stange Porree, 75g Butter, 24 Schnecken (aus der Dose), 1 Bund Petersilie, ¼ ltr Weißwein, 1 Becher süße Sahne, ½ ltr Brühe, 6 TL Instant helle Soße, Worcestersauce, Zitrone, Weinbrand, Salz und Pfeffer.**

Das Gelbe vom Porree in feine Streifen schneiden, ich schneide es dann immer noch etwas kleiner, Schalotten, Knoblauch und Champignons fein hacken, alles in reichlich Butter anschwitzen und 5min. dünsten.
Grob gehackte Schnecken (Schneckenwasser bitte aufheben) und kleingehackte Petersilie dazu und weitere 2 min. dünsten.

Schneckenbrühe, Weißwein, Brühe und Sahne dazu, salzen und pfeffern und weitere 5 min. köcheln.
Danach binden und mit den restlichen Zutaten abschmecken.

Wer's besonders will, kann das Süppchen in einer Tasse mit Schlagsahne-Eigelb (**1 Tasse geschlagene Sahne + 2 Eigelbe**) Mischung und geriebenem Käse im Ofen überbacken.

Die Suppe schmeckt übrigens auch ohne Schnecken und mogelt sich durchaus auch als „gehobenes" Lauchsüppchen durch.

Meine Notizen

Mein einfaches
LAUCHSÜPPCHEN

sollte aber hier auch zu Wort kommen, da ich fin-
de, eine Suppe gehört zu jedem ordentlichen Essen
dazu!

Bei uns zuhause gab es grundsätzlich jeden Tag
Suppe!!!...und samstags auch schon mal im AL-
LEINGANG, wobei der Magen dann aber hinter-
her mit üblicherweise ZWETSCHGENSTREU-
SELKUCHEN verwöhnt und auch geschlossen
wurde.

Der **Lauch** wird geputzt, längs geviertelt und in
dünne Streifen geschnitten. Danach dünste ich ihn
in reichlich **Margarine** an, gieße mit **Brühe** auf, bis
er bedeckt ist, und lasse ihn ca. 10min kochen.
Danach wird mit dem Zauberstab püriert, mit
Sahne und Brühe zur gewünschten Konsistenz
verdünnt und mit **Streuwürze, Pfeffer und Salz**
nachgewürzt.
Fertig und superlecker, und wenn ich die Suppe
nur aus dem LAUCHGRÜN mache, das mir nach
dem Putzen zum Entsorgen zu schade ist , jage ich
sie - auf dass es ein „Süppchen" wird - nach dem
Pürieren nochmal durch ein Passiersieb, um, da

der Zauberstab u.U. die eher harten Blätter nicht zu bewältigen in der Lage ist, meine Gurgel vor Attacken der zähen Reststreifen zu bewahren! Das ist z.B. der Fall, wenn ich für meine

---

Meine Notizen

LAUCHSCHNECKEN

nur das **Zarte(gelbe) vom Lauch** verwende, das ich ebenfalls längs viertele und danach quer in feine Streifen schneide.
Dann wird in reichlich **Margarine** für etwa 5-6min. gedünstet und mit **Salz, Pfeffer und Streuwürze** gut (!)gewürzt.

Nach dem Abkühlen macht sich die Masse auf einem ausgerollten Fertig-Blätterteig breit, schreit nach reichlich **Schafskäse**, der sich bereitwillig auf ihr verkrümelt, den Blätterteig dann locker von der Längsseite her aufrollen, in ca. 1cm breite Scheiben schneiden, auf ein mit Backpapier geschütztes Blech legen, mit **Eigelb-Sahne** bestreichen und ab in die auf 220°C Ober-Unterhitze vorgeheizte Röhre, mittlere Schiene.

Nach ca. 20min präsentieren sich die Schnecken zum Verzehr und schmecken lauwarm serviert am besten....einfach lecker zu einem Glas trockenem Weisswein!!!

Für 1P. Blätterteig nehme ich übrigens 2 Lauchstangen und etwa ½ Schafskäse.

Zu einer guten Vesper gehört meine
BRATWURST IM GLAS!

Schnell gemacht und im Kühlschrank bis zu 4 Wochen haltbar.

Der Heißhunger danach stellt sich üblicherweise in Spanien ein, wo es m.E. einfach keine, zumindest meinem Gaumen zumutbare Wurst gibt, die Zutaten dafür aber überall zu bekommen sind.

Also los:
Ich brauche **1 kg Schweinefleisch**, wobei ich etwa 2/3 Bauch und 1/3 Nacken nehme.
Man sollte beachten, dass der Bauch von der Schwarte befreit werden muss, sollte also so kalkulieren, dass man abschließend ein Nettogewicht von etwa 1kg hat.
Schweinebauch gibt es in jedem Markt als Scheiben und als solche einfach leichter zu bearbeiten.
Das Fleisch schneide ich in kleine Würfel (ca.1cm) und mische das Ganze, nachdem es für etwa ½ Std. im Froster ausgeharrt hat (besser durchzumahlen), mit höchstens (!) **18g Salz pro 1kg** und gut **Pfeffer**.
Vorsicht, man kann die Bratwurst sehr leicht überwürzen!

Das gewürfelte gewürzte Fleisch quält sich dann durch den Fleischwolf, der in diesem Falle unabdingbar ist.

Dazu kommen **3 gepresste Knoblauchzehen** und dann wird gematscht!!!....bis das Fett aus dem Fleisch austritt.
Nun ist die Bratwurst bereit, sich in gut ausgespülte Gläser zu zwängen (bis ca. 1-2cm unter dem Rand) und eingeweckt zu werden.
Ich verwende dafür alte Twist-off Gläser, wobei man darauf achten sollte, dass diese sich nicht nach oben verjüngen, sondern möglichst gerade sind oder sich weiten. Man kommt einfach besser an die „GÖTTERSPEISE" dran!
Von meinen Freunden fordere ich das Leergut gnadenlos zurück!

Den Ofen habe ich auf 170°C Ober-Unterhitze vorgeheizt, meine Gläser stehen sicher in einer mit einem Geschirrtuch ausgelegten Fettpfanne, werden bis zu $^2/_3$ mit heißem Wasser aufgegossen und wandern widerstandslos in die Röhre. Wenn das Wasser anfängt zu sieden (– ½ Std), reduziere ich die Temperatur auf 150°C und lasse die Bratwurst für ca. 1½ Std. schmurgeln. Fertig … abkühlen …

genießen!!!...hebt sich bis zu 4 Wochen im Kühl-schrank auf!

Wer hat noch nicht den „Samstagsknaller" meiner Jugend gegessen?
SUPPENFLEISCH

Üblicherweise mit **MEERRETTICHSOSSE, ROTE BETE SALAT** und Salzkartoffeln!

Kein Wort zu Salz- oder Pellkartoffeln! Soviel Können setze ich voraus!

Aber jetzt kommt der EXTRAKnaller: Bei meinem Mann zuhause wurde Suppenfleisch mit **HEFE-KLÖSSEN** und **TOMATENSOSSE** gegessen!

Aber zunächst zum Fleisch! Ich präferiere **Hohe Rippe, Wade oder auch Tafelspitz.**

Das Fleisch gebe ich in ausreichend kochende!!! Rindssuppe (Knorr), dass es 1-2cm bedeckt ist (evtl. kochende Brühe nachgeben).
Dazu kommt gewürfeltes **Suppengemüse**, als da ist: Karotte, Lauch und Sellerie, eine ungeschälte **Zwiebel** (gerne auch halbiert und auf den Schnitt-flächen ohne Fett angeröstet), **Wacholderbeeren**

und 2-3 **Lorbeerblätter**, aufkochen und auf kleinste!!! Hitze zurückschalten.
Das Fleisch darf nur simmern! SIEDZEIT ca. 2-3
Std., danach – falls zeitnah zum Verzehr gedacht -
herausnehmen und in ALU warmhalten und entspannen lassen.

Übrigens trocknen wir den übrigen Sellerie, denn
eine Knolle ist immer viel zu viel, in dünne Scheiben geschnitten entweder auf dem Kaminofen
oder bei 50°C im Ofen. Damit haben wir immer
Vorrat, auch für andere Braten oder z.B. Gulasch.

Bei einer größeren Runde koche ich das Fleisch
auch gerne am Vortag!!... lasse es in der Brühe er-
kalten und schneide es am Folgetag in ca. 0,5-1cm
breite Scheiben, die ich in der Brühe, die ich mit
frischen, geschnittenen Karotten und Lauch noch
mal für ca. ½ Std. reduziert habe, langsam aufwärmen.
Gerne bringe ich dieses Fleisch dann in einer großen Suppenschüssel auf den Tisch und serviere
zunächst die Brühe auf vorbereitete Einlagen (Nudeln, Flädle, Griessklößchen, Markklößchen o.ä.)
als Vorspeise.
Danach fischt sich jeder sein Fleisch zum Hauptgang aus der Schüssel/Restbrühe.

An dieser Stelle sollte auch
BADISCHES SCHÄUFELE
seinen Platz finden.

Im Gegensatz zu Bayern isst der Badenser das
Schäufele, was da ist ein Stück Fleisch aus der
Schulter des Schweins, nachdem es eine Pökel-
und Räucherfolter überlebt hat, im Sud gegart.

Hierfür lege ich das gute Stück in **kaltes Wasser,**
dass es bedeckt ist, gebe **1 halbierte Zwiebel, Wacholderbeeren, Lorbeerblätter und etwas Piment**
dazu – **KEIN SALZ** – da das Fleisch ja gepökelt
wurde, koche auf und schalte die Hitze runter,
damit das Fleisch in aller Ruhe vor sich hin **simmern** kann, je nach Größe zwischen 2 und 2 ½
Stunden. Dann wird es aufgeschnitten und – in der
Regel - mit Kartoffelsalat serviert.

Und wenn Sie nicht wissen wohin mit den Resten,
probieren Sie mal Nachfolgendes.

SAUERFLEISCH!
Ich weiß, dass der Norddeutsche unter Sauerfleisch etwas Anderes vermutet, aber bei uns geht
das so:

Das übergebliebene **kalte Suppenfleisch** wird in dünne Scheiben geschnitten und fächerförmig auf dem Teller angerichtet.

Darauf gebe ich **kleingeschnittene Zwiebeln** und **Gürkchen, Pfeffer und Salz,** und übergieße das Ganze mit einer **Mischung aus 2/3 Gurkensud und 1/3 Essig.**

Dazu passt wunderbar frisches Bauernbrot mit Butter oder auch Bratkartoffeln.

Lege ich Wert nur auf
FLEISCHBRÜHE

gebe ich gerne **Fleischknochen und Beinscheiben** in **kaltes (!) Wasser**, im Übrigen verfahre ich wie oben, koche auf, gebe **Brühwürfel, Gemüse und Gewürze** dazu und koche Knochen und Fleisch über 2Std. so richtig aus.

Für
MEERRETTICHSOSSE

mache ich unter Verwendung der Brühe eine **Mehlschwitze**, lasse sie mit einem **Schuss Sahne** gut durchkochen, gebe dann den **Meerrettich aus**

dem Glas dazu, erhitze, nicht kochen(!), und
schmecke mit **Salz, Essig und Zucker** ab.
Die Soße sollte sämig, aber nicht pampig sein. Evtl.
mit Brühe, gerne auch Sahne, die notwendige
Konsistenz erreichen.

Meine Notizen

Ähnlich mache ich die
TOMATENSOSSE 1 (Schwiegermutterart)
für meinen Mann, wieder mal in memoriam an
meine Schwiegermutter.

In eine dünne Mehlschwitze (mit Hilfe von
Fleischbrühe) gebe ich eine knappe **Tube Toma-
tenmark (150-200g)** – sollte schön kräftig rot sein –
und **1-2 handvoll gewürfelten holländischen
Frühstückskuchen bzw. Soßenlebkuchen**, den
mir mein Mann immer auch, wenn ausgetrocknet,
auf Vorrat reibt wie Semmelbrösel, und lasse den
Kuchen bei kleiner Hitze völlig zergehen.

An dieser Stelle muss man nicht Skeptiker sein,
wenn sich die Idee aufdrängt, der Lebkuchen hätte
sich ver-, oder zumindest geirrt.
Ganz im Gegenteil. Man muss die Sosse probiert
haben, um zu verstehen, dass die Tomate, bekannt
als hochsensibles Nachtschattengewächs und Al-
leskönner, und als solches durchaus in der Lage,
zu entscheiden, was ihr gut tut, sich im Angesicht
des zu bespassenden Hefeknödels in voller Ab-
sicht und nicht zuletzt zu ihrem Vorteil für diese
Form des „Geschmackverstärkens" entschieden
hat…und recht hat sie!!!

Aber weiter: Die Soße sollte dann eine schöne Konsistenz haben. Wenn nötig verdünnen mit Brühe oder andicken mit Lebkuchen. Abgeschmeckt wird dann mit Salz, evtl. Zucker – wenn nicht durch den Lebkuchen die nötige Süße schon erreicht ist – und Pfeffer.

Die **Hefeknödel** mache ich schon lange nicht mehr selbst, sondern die sind mir irgendwann aus der Kühltheke des Supermarktes zugelaufen und haben sich bei mir auf Dauer eingenistet. Über Wasserdampf erhitzt schmeckt sogar mein Mann – Gott sei's gedankt - keinen ernsthaft gravierenden Unterschied zu den hausgemachten seiner Mutter, der unter Umständen die hausgemachte Variante aufzuleben notwendig gemacht hätte.

Soviel zu der Tomattensosse für die Hefeknödel!

TOMATENSOSSE 2
zu Nudeln sieht schon anders aus.

Dafür verwende ich **geschälte und gehackte Tomaten aus der Dose**! Vorher schwitze ich reichlich **Zwiebel in Margarine** an, gebe die Tomaten dazu und lasse alles ca. ½ Std. bei kleiner Hitze vor sich hinblubbern und eindicken. Abschmecken tue ich

dann mit **Salz, Pfeffer, evtl. Zucker und
…Streuwürze**!!! Wer will, noch **Kräuter der Provence** und fertig ist der Lack!

Erwähnung finden sollten noch die
GRIESSKLÖSSCHEN,

die meine Mutter gerne in der FLEISCHBRÜHE
servierte.
Dafür kochte sie ¼ **ltr Milch mit 100g Butter** auf,
würzte mit **Salz, Pfeffer und Muskat**, ließ **125g
Grieß** einrieseln, aufkochen und eindicken, und
rundete das Ganze dann noch mit **2 Eiern** ab. Von
dieser Masse wurden mit einem Teelöffel NO-
CKEN abgestochen und purzelten direkt in die
heiße Brühe. – schon nach 2-3min fertig. Auch

MARKKLÖSSCHEN
gehörten zu ihrem beliebten Repertoire!

Mal ehrlich, wer macht denn heute, im Zeitalter
der Fastfood-Epidemie, noch seine Markklösschen
selber!
Ich kann das noch, und die sind so viel besser als
die INDUSTRIELLEN! Ich kann mich an das Rezept von Mama nicht mehr erinnern und greife

deshalb auf das einer Patientin zurück, die mir lange Zeit die Klößchen für meine Fleischbrühe fertig in die Praxis geliefert hat. Irgendwann hatte sie ein Einsehen und hat mich in ihre Geheimnisse eingeweiht.

Das **Mark von 3 Knochen** löse ich aus, zerkleinere es, lasse es bei ganz niedriger Hitze aus und gebe ihm Gelegenheit, wieder leicht abzukühlen. **2-3 EL Semmelbrösel, ½ eingeweichtes Brötchen, 1 Ei, Salz, Pfeffer, Muskat, und kleingehackte Petersilie** runden die Masse ab, als kleine (TLgroße) Klösschen wandern sie in die Brühe und sieden (nicht kochen!!!) vor sich hin, bis sie oben schwimmen.
In Gesellschaft obiger Grießklösschen fühlen sie sich besonders wohl, wobei LEBERKLÖSSCHEN das Ganze noch zur Hochzeitssuppe aufzuwerten in der Lage sind! Die kaufe ich aber üblicherweise beim Metzger (meines Vertrauens!).

Wir – meine 4 Geschwister und ich - hatten das große Glück, die ersten Jahre unseres Lebens auf dem Firmengelände der „Großfamilie", wo wir im Bürogebäude die 1. Etage und das Dachgeschoss „belegten", aufzuwachsen, groß genug, alle Kinderträume auch in Gesellschaft von vielen Freun-

den uneingeschränkt auszuleben und so späteren Deprivationen vorzubeugen. Hinter der großen Lagerhalle gab es einen, für meine Begriffe riesigen Hühnerstall, der durch einen mittig stehenden Walnussbaum dominiert wurde.
Ergo: Eier und Walnüsse satt!

Eier braucht man eigentlich immer, und Walnüsse sind, wie uns meine Mutter beibrachte, auch nicht nur zum „Knacken" da.

Sie z.B. war ganz verrückt auf
SCHWARZE oder auch **JOHANNIS-NÜSSE.**
oder auch **fränkische Trüffel**!!!

Die gab es bei uns zu Suppenfleich mit Meerrettich oder auch bei besonderen Gelegenheiten zu Wildgerichten, heute gerne auch zu Käse, insbesondere Brie (für mich zählt übrigens nur Brie de Meaux).

Ich war mir eigentlich ganz sicher, dass meine Mutter die grünen Nüsse immer am 1. Juli geerntet hat, nicht früher und nicht später, da sich sonst die harte Schale bereits ausgebildet hätte, und habe deshalb - unter akribischer Einhaltung des mir erinnerlichen Datums - 2 mal bei meinen Selbstversuchen die Nüsse an die Wand gefahren. Mittlerweile weiß ich, dass sie nicht später als zu Johannis am 24.06. geerntet werden sollten, da sie da noch garantiert weich sind.

Die **grünen Nüsse** werden <u>mit Handschuhen!</u> und Messer von Blüte und Stiel befreit, mehrfach mit einer Nadel (Rouladennadel, Zahnstocher o.ä.) durchstochen und in einem Topf (Edelstahl oder Email, kein Plastik!, bei uns zu Hause immer ein großer grauer Emaileimer), mit **Wasser** bedeckt, das **täglich gewechselt** werden muß, für 14 Tage an einem möglichst kühlen und dunklen Ort aufbewahrt.
Das Wasser wird immer dunkel, das ist normal, ebenso wie die Nüsse.
Nachdem sie 14 Tage ihren Auftritt herbeigesehnt haben werden sie - wieder in frischem Wasser – aufgekocht und ca. ½ Std. köcheln lassen.
In der Zwischenzeit koche ich (bei 1kg Nüsse) **1,2ltr Wasser mit 1,2kg Zucker, 1EL Pimentkörner, ½ TL Salz, ¼ TL geriebenen Muskat, Vanilleschote ausgekratzt, falls vorrätig, und einem guten Schuss Essig oder auch Zitronensaft** auf bis der Zucker sich gelöst hat.
Die abgeschreckten und abgetropften Nüsse werden dann mit dem etwas abgekühlten Sirup übergossen und über Nacht stehen lassen.

Am Folgetag wird – nur der Sirup - erneut mit 100g Zucker aufgekocht und - wieder etwas abgekühlt – erneut über die Nüsse gegeben, am nächsten Tag das Ganze nochmals wiederholt, und dann, am Folgetag werden die Nüsse endlich in ihrem Zuckersud aufgekocht, in TwistOff Gläsern abgefüllt und im Keller gelagert.

Verzehrfertig sind die Nüsse dann in ca. ½ Jahr, halten sich aber „eingeglast" über Jahre. Bei uns gab es die ersten schwarzen Nüsse zu Weihnachten (Wild!).....und seitdem ich an Johannis ernte läuft auch bei uns nix mehr schief!

Wenn ich das Gefühl habe, meine „mir immer angehängte" Position als „Autokrat" in Küche und Beziehung verteidigen bzw. behaupten zu müssen, gibt's bei uns auch schon mal

PAPRIKASAHNESCHNITZEL
mit Reis, und mein Mann schmilzt garantiert dahin!

Der beste Muntermacher aller Zeiten. Nicht dass er das nötig hätte, aber „Gut Wetter" machen ist manchmal gar nicht verkehrt!

Natürlich werden die Schnitzel NICHT paniert, sondern bleiben Natur, wieder aus der Schweinelende geschnitten und mit dem Handballen flach gedrückt. Gewürzt mit **Pfeffer und Salz** baden (oder braten) sie in „Butaris" oder Schweineschmalz, bis sie die notwendige „Reife", nicht Härte, haben. Danach werden in Alufolie gepackt vorgehalten.

Der Fond wird mit einer Mischung aus **1 grosse Dose KONDENSMILCH, 2-3TL Paprika edelsüß und ca. 1TL Streuwürze, Salz und Pfeffer** nach Gusto und evtl. **1TL „Mondamin"**, kann man aber auch b.B. hinterher zugeben, abgelöscht, aufkochen und leicht eindicken lassen - evtl. mit Brühe „nachkonsistentieren". Danach kommen die Schnitzel samt evtl. ausgetretenem Bratensaft dazu, kurz erhitzen und vom Herd.
Bon appetit!

Dazu passt am besten
REIS.

Nun kann man Reis kochen und essen, z.B. wenn man kräftige „Beigaben" hat, aber bei uns wird Reis fast immer aufgepeppt. Wir verwenden nur **LANGKORNREIS**, muss kein ungeschälter oder Basmati oder sonst was sein. Der Reis wird nach

Vorschrift, aber in **BRÜHE** gegart, abgeschüttet und zur weiteren Verwendung zur Seite gestellt.

Wir haben auch immer gegarten Reis eingefroren, den wir bedarfsweise in der Mikro auftauen.
Wir waren zuhause keine Reisesser, bei uns gab's den eigentlich nur, zu unserem Leidwesen, gelegentlich abends als BREI!
Bei meinem Mann zuhause, war Reis Standard!
Meine Schwiegermutter hat diesen grundsätzlich in Fett angebraten bzw. -geschwitzt, dann mit Wasser bedeckt und auf niedriger Hitze ausquellen lassen – gelegentlich hat sie auch Wasser nachgegeben.
Die Mutter eines Studienfreundes hat vormittags den Reis in einem Verhältnis 1:2 aufgekocht, eingewickelt und in einer Kochkiste – „wer weiss denn sowas" - stundenlang für uns vorgehalten.
Bis Mittag war er zumindest immer gerade richtig.

Ich gebe den Reis NACH dem Garen in reichlich **ausgelassene Butter**, würze eventuell mit **Streuwürze** nach und gebe gelegentlich, wenn passend, **Kräuter**, oder auch mal gedünstetes, kleingeschnittenes **Gemüse** dazu. Highlight ist hier **Dill**, den meine Nichte, die das Garen im Reiskocher bevorzugt, von Anfang an dazu gibt.. Das steht dem

Reis einfach gut zu Gesicht und man kann auch mal einen einfachen „Reistag" klaglos überstehen.

Reis fühlt sich übrigens bei uns auch so richtig wohl im Froster und, in der Mikro aufgetaut und erhitzt verzehrfähig, oder aber erfreut sich schon auf die bereitstehende Pfanne, wo er nochmal in etwas Butter und entsprechenden Ingredienzen gebadet wird.

Jetzt muss einfach mal wieder was Süßes her, oder? Und dafür darf mein Mann wieder mal zum Zuge kommen, denn zweifelsfrei ist ER bei uns der SÜSSE! Das Rezept von seinem **QUARKMOUSSE,**

das er einfach nie dicke kriegt, hat er dem Chef, auch –koch, im Landhotel Adler in Bürgstadt aus den Rippen geleiert.

500g Quark lässt man, am besten über Nacht, in einem Geschirrtuch aufgehängt abtropfen, oder aber, wenn's eilig ist, kann man den Quark auch in selbigem ausdrücken. **100g Zucker** werden mit **5 Eiweißen** aufgeschlagen und unter den abgetropften Quark gehoben (erst mal zum Auflockern 1/3, dann den Rest unterheben).

Eiweiß schlägt sich übrigens mit einer kleinen Prise Salz besser steif und den Zucker gibt man nach
und nach dazu! Dann ½ **ltr geschlagene Sahne**
unterheben und den **Saft von 2 Zitronen** und
1P. Vanillezucker zugeben.
Dann kommt das Mousse zurück in sein Tuch und
wird im Sieb über einer Schüssel im Kühlschrank
gelagert. Den Saft, der abtropft, kann man gerne
trinken – Molke, Zitrone, Zucker…lecker!
Je nachdem wie lange das Mousse aufbewahrt
wird, ist es cremig bis trocken.

Ich esse es gerne frisch, mein Mann präferiert den
Folgetag….ausprobieren!
Ist jedenfalls von sofort bis 2 Tage verzehrbereit!

Meine Notizen

Als Nachspeise gibt es bei uns auch gerne mal SCHWARZ TRIFFT WEISS, sprich Quarkmousse kombiniert mit

MOUSSE AU CHOCOLAT.
…die Speisen sind so gut wie ihre Ingredienzien.

Deshalb verwende ich nur beste Schokolade von „LINDT"!
200g (= 2 Tafeln) Zartbitterschokolade bzw. schwarze Herrenschokolade wird im Wasserbad geschmolzen und leicht abkühlen lassen.

In der Zwischenzeit schlage ich **3 Eigelbe mit 40g Zucker und 2 EL heißem Wasser** auf, bis sie eine cremige Konsistenz haben. Danach wird die flüssige Schokolade untergemischt und **1 Becher geschlagene Sahne** und die **3 steifgeschlagenen Eiweisse** untergehoben. Im Kühlschrank ergattert sich das Mousse die nötige Konsistenz, entweder in kleinen Gläsern oder in einer Schüssel zum Portionieren, wofür ich einen heißen Suppenlöffel verwende.

Als Kind hat man so seine Lieblingsspeisen, und da ich ein eher „saures" Kind war, und immer noch bin, was mich immer wieder dazu verleitet hat, mit meinem Bruder auf unserem Speicher auf dem Boden sitzend die eingelegten, und vorzugsweise die Gläser mit kleinen Gurken zu knacken, kann ich auch heute noch dauerhaft auf

SAUERBRATEN

ganz schlecht verzichten.

Auch mein Mann motzt regelmäßig, wie bei allem, was er sehr gerne isst: EWIG NICHT GEGESSEN!, sogar wenn es gestern erst auf dem Plan stand!

Für den Braten nehme ich ganz gerne **das Bürgermeisterstück (aus der Keule), Tafelspitz, flachen Bug oder falsche Lende**.
Die Beize mache ich in einem der Fleischgröße angemessenen Topf aus ½ **Essig**, ½ **Wasser**, koche die Mischung auf mit **Sauerbratengwürz von „Ostmann"**, gebe gestückelte **Zwiebel, Sellerie und Karotte, Salz und etwas Zucker** dazu und lasse das Ganze ca. 4-5min durchkochen.
Nachdem die Beize abgekühlt ist wird das Fleisch eingelegt. Es sollte schon bedeckt sein, b.B. kann man gleiche Teile Essig und Wasser zugeben. Auf Wein am Braten hat meine Mutter früher schon in Rücksicht auf die Kinderschar verzichtet und ich

vermisse ihn heute noch nicht, zumindest am Braten.

Der eingelegte Schatz kann dann im Kühlschrank in aller Ruhe – bis auf das tägliche Wenden – vor sich hin säuern.

Wir haben Freunde, bei denen das Fleisch bis zu 3 Wochen ausharren muss, mir langen 4-5Tage, also Mittwoch einlegen, Sonntag essen!

Das gute Stück aus der Beize nehmen, trocknen, salzen und pfeffern und auf allen Seiten mit **frischen!! Zwiebeln** gut anbraten.

Aufgefüllt wird mit der abgesiebten **Beize** und der Braten bei niedriger Hitze auf dem Herd geschmort. Nach ca. 2Std. (abhängig von der Größe des Bratguts) dürfte das Fleisch den nötigen Gargrad erreicht haben und wird in Alufolie zur Entspannung im warmen Ofen gelagert.

Den Fond, je nach Geschmack, mit Beize oder auch Brühe lösen und löschen, und ich dicke meine Sosse letztendlich – und jetzt kommt er wieder mal ins Spiel - mit **Bröseln von HOLLÄNDISCHEM FRÜHSTÜCKSKUCHEN** bzw. **SOSSENLEBKUCHEN** an, auch so ein Geheimtipp meiner Schwiegermutter (wie ihre Tomatensosse).

Dazu essen wir Rotkohl und Kartoffelknödel, mein Mann gerne auch seine Semmelknödeln.

Wer kennt denn noch....
KALTER HUND

...der Traum unserer Kindheit, von meiner Mutter leider nicht so oft gemacht, wie von uns gewünscht.
Dazu brauche ich 1 P Kokosfett (bei meiner Mutter **250g Palmin**!). In das zerlassene, nicht zu warme (Gefahr der Gerinnung) Palmin rührt man **6EL Zucker, 6EL Kakao, 6EL Sahne, etwas Vanillezucker und zu guter Letzt 2 aufgeschlagene Eier**.
Die etwas abgekühlte Masse (bei zu hoher Temperatur schwimmen die Kekse nämlich immer nach oben) wird im Wechsel mit Leibniz-Butterkeksen in eine mit Backpapier ausgelegte Königskuchenform geschichtet – die oberste Schicht sollten Kekse sein - und über Nacht kühl gestellt.
Meine Mutter hat den Hund dann gestürzt, in Scheiben und danach in Würfel geschnitten und MASSVOLL dosiert!!!

Mein
ZITRONEN-BASILIKUM-SORBET

eignet sich nicht nur als Nachspeise, sondern gerne auch als Zwischengericht eines Mehrgängemenues.

Man kocht **250g Zucker in 400ml Wasser mit 1 Vanilleschote** sirupmäßig ein und lässt diesen im Kühlschrank abkühlen.

Den **Saft von 3 Zitronen (125ml)** püriere ich mit **1 Bund Basilikum** und gebe den **Abrieb von 1 Zitrone** dazu. **2 steifgeschlagene Eiweiß** unterheben, mit dem Sirup vermischen und ab in die Eismaschine!

Nach ½ Std. müsste das Sorbet soweit sein. Kann gut im Froster gelagert werden und schmeckt göttlich.

Und gleich hinterher die
GRIEßSCHNITTEN, die es bei uns des öfteren gab.

Ich bringe ½ **ltr. Milch** mit **einer kleinen Prise Salz** und **2EL Zucker** zum Kochen, streue **75g Weichweizengrieß** ein, lasse das Ganze ca. 5min unter Rühren kochen. **Eigelbe von 2 Eiern und Mark einer Vanilleschote** hinzufügen und in eine ausgebutterte, ausgesemmelte Königskuchenform füllen.

Nach dem Auskühlen kann der „Grießkuchen" dann in Scheiben geschnitten und in heissem Butterfett ausgebraten werden.

Ich persönlich paniere die Grießschnitten vor dem Ausbacken nicht, kann man aber gerne machen. Mit Zuckerzimt, den ich mir aus Puderzucker und Zimt selber bastele, bestreut wird dann serviert, und zwar am liebsten mit

KIRSCHKOMPOTT.
Nichts einfacher als das!

Schattenmorellen aus dem Glas abtropfen lassen, wobei der Saft aufgefangen wird. **2EL Saft** und **2 EL Speisestärke** glattrühren. Restlichen Saft mit **2 EL Zucker und 1 Zimtstange** aufkochen, angerührte Stärke einrühren und erneut aufkochen lassen. Kirschen unterheben und abkühlen lassen. Bombastisch!!!

Meine Notizen

Schon wieder schießt mir eine Suppe durch den Kopf.
PETERSILIENWURZELSÜPPCHEN (Landlust)

Die Petersilienwurzel nimmt heute unerklärlicherweise immer noch eher eine Abseitsposition in der Küche ein. Bislang reduziert auf – wenn überhaupt - die Rolle eines Geschmacksverstärkers für Fleischsuppen, sollte es gerechterweise auf der Liste der Gemüse, was ihren Stellenwert betrifft, einen der oberen Plätze einnehmen.

Und so war ich froh, als mir dieses Rezept unterkam.

Üblicherweise ist Petersilienwurzel im Supermarkt in 250g Gebinden zu haben. Für meine Suppe werden **500g Petersilienwurzel, 2 Schalotten und 1 Knoblauchzehe** geschält und kleingewürfelt und in **1EL Butter** glasig gedünstet.
Ich lösche dann mit **900ml Gemüsebrühe** („Knorr"), **200ml Sahne und 100ml Weißwein** ab und lasse das Ganze **20min** köcheln.
Dann gebe ich grobgehackte Petersilie (1/2 Bund) dazu und püriere das Ganze cremig.
Abgeschmeckt mit **Salz, Pfeffer und Muskat** ist das Süppchen ein echter Knaller!

Ein besonderer Dank nochmal dem lieben Gott für seine glorreiche Idee am 6. Tag der Schöpfung, als er sprach: „Die Erde soll Leben hervorbringen: alle Arten von Vieh und wilden Tieren und alles, was auf der Erde kriecht"….und Gott sah das alles an, was er gemacht hatte: Es war gut!
Dem habe ich nichts mehr hinzuzufügen!!! und deshalb….was wäre unsere Welt ohne Hühner!!! Wo wäre der Mensch ohne Eier??

Ohne….
EIERLIKÖR?

5 Eigelbe, 150g Puderzucker und 1P. Vanillezucker lassen sich mittels Handmixer zwar nicht grün und blau, aber gelb schlagen bis zur geeigneten Cremigkeit, wonach sie gierig **200ml Sahne und 100ml Rum** (wenn vorhanden, weissen) aufnehmen, um sich dann wiederum für etwa 6-8 Minuten dem Handmixer über einem heißen Wasserbad bis zu dickcremiger Konsistenz hinzugeben.

Den dann fertigen Eierlikör mit Hilfe eines Trichters in weite Flaschen füllen und abkühlen lassen. Gut verschlossen hält sich das Schätzchen im Kühlschrank etwa 4 Wochen und ist vor Genuss immer gut durchzuschütteln! Und was man mit

Eierlikör alles anstellen kann, überlasse ich der Phantasie des Genießers!

Meine Notizen

Meine Schwiegermutter mit ihrem Strudelteig fand schon irgendwo ihren Platz in diesem Buch, oder? Falls nicht…das Rezept von ihrem **APFELSTRUDEL**,

auf den mein Mann, nachdem er – man könnte schon fast sagen – von seiner aus Böhmen stammenden Mutter mit diesem großgezogen wurde, nur unter Protest für längere Zeit verzichten kann. Muss er aber nicht!

Das Rezept habe ich 1:1 von ihr übernommen, nicht zuletzt, um immer mal wieder aufkeimenden Diskussionen, endend in ausführlichen „Vergleichsstudien", aus dem Weg zu gehen.

250g Mehl werden mit **⅛ ltr Wasser, 1 Eiweiß, ½ Eierschale Öl, Salz und 1-2Trpf. Essig** auf einem Brett zu einem glatten Teig vermischt und so lange geknetet, bis er sich von Brett und Händen löst.
Danach mit Öl bepinselt ½ Std. ruhen lassen.

Nun wird er auf einem bemehlten! Tuch ausgerollt und mit beiden Handrücken vorsichtig von der Mitte aus zum Tischrand hingezogen, bis man „eine Zeitung durchlesen" kann (dicke Ränder evtl.

abschneiden. Früher hat man diese Reste für Nudeln verwendet).

Dann wird er mit reichlich **zerlassener Butter** bestrichen, mit **gerösteten Semmelbröseln** bestreut, mit **geschälten, blättrig geschnittenen Äpfeln** (ca. 500g) belegt und mit **Zucker, Zimt und ggf. mit Rosinen** bestreut.

Mit dem Küchentuch wird er unter Einschlagen der Ränder aufgerollt und mit der Naht nach unten auf ein schwach gefettetes Backblech gelegt, mit **zerlassener Butter** bestrichen und 25min im 200°C Ober-Unterhitze vorgeheizten Ofen gebacken, wobai man nach halber Backzeit nochmal mit Butter bestreichen sollte.

Aus dem Rohr nehmen und anzuckern! Der Strudel wird vor Verzehr – und am besten schmeckt er noch lauwarm – nochmal mit **Puderzucker** verwöhnt!

Natürlich kann man anstelle von Äpfeln auch andere Füllungen, Obst oder auch pikant, verwenden.

Und da ich gerade mal wieder auf dem „süssen Trip" bin, gleich meinen
<u>APRIKOSENSTREUSEL</u>
hinterher. Ich nehme dafür Aprikosenhälften aus der Dose! Aber eine große!

Ich rühre **2 Eier** mit **75g Zucker** schaumig, gebe **150g Mehl**, vermischt mit **½ Tl Backpulver** dazu und danach **125g flüssige, aber abgekühlte Butter.**
Der Teig wird in einer ausgebutterten Springform glattgestrichen, die Aprikosen darauf verteilt und leicht hineingedrückt, wobei zum Rand hin ca. 1cm Abstand sein sollte, darauf der Streusel aus **2/3 Zucker, 2/3 Butter und 3/3 Mehl** (100/100/150g), und ab in den Ofen bei 175° Ober-Unterhitze für ca. 45min.

Meine Notizen

Und meine
ESPRESSO-MANDEL-TARTE (Landlust)
braucht sich als bewärtes Dessert um Abnehmer
keine Gedanken zu machen.

200g Zartbitterschokoade schmelzen in **125g Butter** und **75ml Espresso** auf kleiner Hitze dahin
und kühlen sich danach langsam wieder runter
5 Eier und 150g Zucker werden derweil sehr
schaumig geschlagen, nun mischt sich die Schoko-
butter wieder ein und dazu gesellen sich **100g gemahlene Mandeln und 2 EL Kakao.**
Die Masse in eine ausgefettete Springform füllen
und ca. 30min im 175°C Ober-Unterhitze vorgeheizten Ofen backen.
Torte abkühlen lassen, aus der Form nehmen und
mit Puderzucker bestreuen!!!

Meine Notizen

Und weil wir immer noch süss unterwegs sind, mein, von Kurt innig geliebtes „Schmankerl" noch hinterher, nämlich
ZWETSCHGENKNÖDEL
und zwar mit Kartoffelteig!

Meine Schwiegermutter hat sie zwar auch gerne mit Hefeteig favorisiert, aber ab und zu muß ich mich auch durchsetzen und mein Mann Kompromisse machen, und da ich eine Kartoffeltante bin haben wir uns auf dieses Rezept geeinigt.

1kg festkochende Kartoffeln vom Vortag werden durch die Presse gejagt und mit **100g weicher Butter, 100g Hartweizengrieß, 1 Ei, 2 Eigelbe, ½ TL Salz und 450g Mehl** zu einem Teig verarbeitet, der danach 15min ruht.
Die Zwetschgen werden gewaschen, getrocknet, entkernt und mit einem Stück Würfelzucker gestopft.
Der Teig wird auf gut bemehlter Arbeitsfläche ausgerollt (ca.1cm), in Quadrate geteilt (ca.7cm), die Ecken jeweils über eine gefüllte Zwetschge gefaltet, zusammengekniffen und mit den Händen zu Knödeln geformt.
Danach werden diese in siedendem Salzwasser

10-20min ziehen(!), nicht kochen lassen, bis sie nach oben steigen.
Derweil schmelze ich ca. **150g Butter** in der Pfanne und röste darin **200g Semmelbrösel** hellbraun an. Die Knödel werden mit der Schaumkelle aus dem Wasser genommen, kurz kalt abgespült, abgetropft und in den heißen Bröseln gewälzt.
Zucker, Zimt und braune Butter (wer will auch Schichtkäse oder Creme double) tragen ein Übriges zum Genuss dieser Nachspeise – oder auch Hauptganges – bei.

Das Gleiche geht auch gut mit **<u>Aprikosen</u>** – bei den Östereichern als **<u>Marillen</u>** bekannt.

Meine Notizen

Und als, zumindest vorerst letzte Süßspeise ein
ganz einfache Rezept für
PANNA COTTA.

Immer wieder gerne und schnell gemacht!

500ml Sahne werden mit **1 Vanilleschote und
deren Mark** aufgekocht und ca. 10min köcheln
lassen, Vanilleschote herausnehmen und **75g Zucker** einrühren,
4 Blatt eingeweichte und tropfnasse Gelatine einrühren und die Masse in, mit kaltem Wasser ausgespülte Förmchen füllen.
Danach am besten über Nacht im Kühlschrank lagern. Zum Stürzen den Rand mit einem Messer
lösen und die Förmchen kurz in heißes Wasser
tauchen.

Schmeckt mit einem Fruchtmark serviert grandios,
hat's aber in sich (kalorienmäßig)!

Meine Notizen

Haben Sie schon mal die einfachsten
SPARERIBS
der Welt gegessen?

Ich mache sie in der Bratröhre, nehme keine vor-
gewürzten, sondern kaufe sie pur beim Metzger,
schneide sie in Stücke von **2-3 Rippen**, würze mit
Pfeffer und Salz und wickele sie einzeln in **Alufolie.**
Dann wandert die „Bagage" auf einen Rost in den
auf 150°C Ober-Unterhitze vorgeheizten Ofen, wo
sie mit einer Engelsgeduld für ca. 2-2 ½ Std. ausharren müssen, um dann nach 10min. Ruhepause
reißend Absatz zu finden.
Der Fleischsaft kann für andere Dinge Verwendung finden und wird keinesfalls entsorgt.

Auch unser
BACKHENDL,
Liebling nicht nur meines Mannes, ist schnell und
problemlos zubereitet und mit Kartoffelsalat auf
dem Tisch immer wieder willkommen.

Dafür muss ich nicht nach Österreich, das können
wir auch!
Wir nehmen dafür ein **frisches Hähnchen,** und ich
wundere mich immer wieder, wie mein Mann

ohne jegliche anatomischen Vorkenntnisse dieses unter Anwendung nahezu perfekter Exartikulation in Stücke (Flügel, Oberschenkel, Unterschenkel, Brust – evtl. nochmal geteilt) zerlegt, von der Haut befreit, mit **Salz** und **Pfeffer** würzt und mir, akribisch getarnt mit **Mehl, Ei und Semmelbröseln** (kann man auch noch zusätzlich mit Streuwürze mischen) zur weiteren Bearbeitung in die Hand drückt.

Die Teile wollen schwimmen, und sehr **heißes Rapsöl**, nach dem ersten Bruzzeln mäßig runtergeschaltet, sorgt in meiner Schnitzelpfanne für den nötigen Freiraum, die optimale Farbe und den richtigen Garpunkt, der etwa nach 20min. erreicht ist.

Ein Traum von Hendl, dem das Ergebnis sicher gefallen hätte.

Meine Notizen

Gibt es eine schlüssige Erklärung dafür, warum mir jetzt gerade meine
ZABAGLIONE
in den Kopf kommt?

Schnell gemacht, bringt's sehr gut alleine oder auch im Team mit frischen Früchten, Bisquits oder auch Amerettini, und kommt immer gut an.

Wir sind üblicherweise ein 2 Personen Haushalt, deswegen nehme ich für uns **2 frische Eigelbe** und schlage diese mit **2 EL Puderzucker** schaumig auf. Danach ab ins heiße Wasserbad und mit **100ml Portwein oder Marsala** aufschlagen, bis die Masse eine dickliche, cremige Konsistenz hat.
Evtl. noch Orangen-saft und/oder –zesten, auch Zimt geht ganz gut, wie man's halt mag, in Rotweingläser gefüllt und genussbereit!

Mir bleiben in der Küche auch sehr oft Eiweiße übrig, die mein Mann dann entweder in Quarkmousse verzaubert, oder ich in
KOKOSMAKRONEN.

In der Weihnachtszeit wurden wir früher immer von Patienten mit allerlei Gebäck versorgt.

In Erinnerung geblieben sind mir Kokosmakronen, die ich so nie wieder gefunden habe.
Frau K. hatte mir ihr Rezept lange Zeit vorenthalten und mir erst zu Zeiten, in denen sie selbst nicht mehr in Aktion treten konnte, weitergegeben.
So zaubere ich sie heute noch, und nicht nur zur Weihnachtszeit, auf die Teller:.

Dafür werden **5 Eiweisse** mit nach und nach **1Päckchen Puderzucker und 1P Vanillezucker** sehr(!) steif geschlagen.
Unter diese Masse werden **2 Päckchen Kokosflocken** gemischt, mit dem Teelöffel kleine Häufchen auf Makronen gesetzt und im Ofen bei 150°C Ober-Unterhitze für 20min. gebacken.

Meine Notizen

Die
KARTOFFELSUPPE
darf ich nicht vergessen.

Die gab es bei uns oft Samstags im Wechsel mit
Gemüsesuppe insbesondere zur Obstreifezeit,
denn danach gab's nur einen Hefekuchen mit Sai-
sonobst und Streusel.

**Zwiebeln und Kartoffeln (und wenn man will
Lauch)** in moderatem Verhältnis werden geschält,
gewürfelt, und in gut **Margarine** angedünstet, bis
sie glasig sind.
Danach wird mit **Brühe** aufgegossen, bis die Kartoffeln bedeckt sind, und das Ganze ca. 20min. köcheln lassen.
Meine Mutter hat das Kochgut jetzt durchgeschla-
gen (Flotte Lotte…noch bekannt?). Heute hat man
ja in jedem Haushalt einen Stabmixer, womit man
das ganze dann püriert.
Dann wird mit Brühe und Sahne auf die gewünschte Konsistenz verdünnt und mit **Salz, Pfeffer (und Muskat?)** nachgewürzt.

Guten Appetit!

Bei meiner Schwiegermutter gehörte
DILLSOSSE
zur Basisküche, in der Regel gereicht zu Rind-
fleisch oder hartgekochten Eiern.

Als Lieblingsgericht meines Mannes hat er sich in
jungen Jahren daran einmal hoffnungslos „über-
fressen" und danach jahrelang den Umgang mit
solcher gemieden. Irgendwann startete er am Tisch
seiner Tante in Portugal einen erneuten Versuch.

Tante Doris hat dazu **1 Bund Dill** – fein gehackt –
mit **2 EL Essig und 1 EL Wasser** ca. 10min ziehen
lassen. **¼ ltr Sahne und ¼ ltr Milch** hat sie vermischt, einen Teil davon mit **2EL Mehl** verquirlt,
den Rest aufgekocht, das angerührte Mehl dazu-
gegeben und unter ständigem Rühren eindicken(-
kochen) lassen.
Danach wurde der Dill zugegeben, und der Sosse
mit **Salz, Zucker, Butter und evtl. etwas Brühe
oder auch Essig** nachgeholfen. Voilà!

Ein Wort noch zu
PFIFFERLINGEN.
Für mich eine exzellente Möglichkeit, den Taten-
drang meines Mannes in Bahnen zu lenken. Im

Juni startet die Pfifferlingssaison! Stundenlang kann er für eine Mahlzeit unterwegs sein, und sein Lieblingsrezept ist so einfach wie schnell.

Pfifferlinge (bringt er immer schon fertig geputzt aus dem Wald) zusammen mit **kleingehackten Zwiebeln** und **kleingeschnittenem Frühstücksspeck** in reichlich ausgelassene **Butter** geben, mit **Pfeffer und Salz** würzen und schmurgeln, bis die ausgetretene Flüssigkeit verdampft ist.
Dann noch kurz weiterbraten und fertig.

Manchmal toleriert auch er (nicht nur der Pfifferling), aber ohne Speck, einen ordentlichen Schuss **Sahne** und **kleingeschnittenen Schnittlauch,** dann aber auch mit **Streuwürze** nachgewürzt, insbesondere, wenn damit Tagliatelle verwöhnt werden.
Anstelle von Speck kann man auch gerne mit **Knoblauch** arbeiten…ich habe festgestellt, dass Beides zusammen sich nicht unbedingt verträgt!

Und wenn gebratene Pilze übrig sind: einfach etwas Essig oder Zitronensaft drüber und kalt essen; LECKER!

Und weil mein Mann von Süßem einfach nicht genug kriegen kann und „Weihnachten kommt bestimmt – wie jedes Jahr" noch das Rezeot meiner Mama von ihrem
CHRIST- oder WEIHNACHTSSTOLLEN.

Als Kind habe ich ihn gemieden, wie meine Geschwister auch. Dadurch bekam Papa seine Chance, und die nutzte er reichlich. Nicht, dass ich den Geschmack nicht gemocht hätte. Lange war mir nicht bewusst, was mir den Griff nach dem Stollen verleidete.
Erst im Erwachsenenalter kam ich drauf und habe das Rezept in Erkenntnis der Hemmschwelle dann nur dahingehend verändert, dass ich Orangeat weggelassen und Zitronat nicht kritiklos aus der Schachtel, sondern nochmal ganz klein geschnitten verwendet habe und auch heute noch tue.
Die dicken Würfel von kandierten Orangen und Zitronen, die sich im Stollen meiner Mutter tummelten und als „klebrige" Klumpen den Geschmack in meinem Gedächtnis dominierten, selektiert und auf Kleinstformat gebracht gaben MEINEM Stollen das, aber respektvoll, „distanzierte" Hintergrundaroma, wie ich es liebe.

150g gehackte Mandeln, 150g Rosinen, 150g Korinthen und 100g Sukkade (Zitronat - nochmal ganz klein gehackt) dürfen sich in **4EL gutem Rum** über Nacht tränken, bevor sie am nächsten Tag zum Einsatz kommen.

Aus **500g Mehl, 2P. Trockenhefe, 150g weiche Butter, 100g Zucker, 1TL Salz, 1TL Vanilleextrakt, 1/8ltr. lauwarme Milch und 1 Ei** knete ich einen Teig, der dann für 1 Stunde nicht ruhen, sondern GEHEN soll.

Dann werden die Früchte untergeknetet, der Stollenwird geformt und bekommt auf einem Blech nochmal ½ Std. Ruhe und somit Gelegenheit, sich aufzublasen, bevor er in den KALTEN Ofen wandert.

Auf 175° Ober-Unterhitze hochgeheizt präsentiert er sich nach 45 Min bis 1 Std. zum Bepinseln mit **100g zerlassener Butter.**

Nach dem Abkühlen wird er noch ordentlich mit Puderzucker gekrönt und in Alufolie verpackt, in der er geduldig auf seinen Verzehr, der gerne auch Wochen später stattfinden kann, wartet.

Meine Notizen

EPILOG

Mein kleines Rezeptbüchlein ist sehr „SÜSSLAS-TIG", wie ich gerade bemerkt habe, und eigentlich hat ausser unseren Lieblingsrezepten, die auch die unserer Familie und Freunde sind, nichts darin so recht Platz gefunden.

Natürlich essen wir auch Anderes, aber ich setze voraus, dass man weiß, wie man eine Rinds- oder eine Fleischwurst heiß macht oder auch eine Brat-wurst zubereitet. Aus dem Alltäglichen Besonde-res machen ist unsere Devise.

Dieses Büchlein stellt - weiss Gott - keinen An-spruch auf Vollständigkeit, und überhaupt stand mein Anliegen, die Angst vor der Kocherei zu nehmen, im Vordergrund.... Und natürlich auch ein paar Tricks aus meiner Küche zu verraten, die zu einem guten Gelingen jedweden Menues bei-tragen können.

Noch Erwähnenswertes:
Wo gekocht wird, gibt's Reste!!...wie bei uns auch. In der Regel nehmen die Gäste die Reste gerne mit, sodass wir uns damit nicht rumplagen müssen.

Früher war mein Mann ein ganz großer ENTSOR-
GER.
Heute verwahrt er unsere Reste – wie Gold in Fort
Knox - im Froster, für Zeiten, wo ich nicht da bin
oder auch mal keine Lust zum Kochen habe, portionsweise, und isst, wann immer er Lust hat .....
oder aber einmal in der Woche wird der Kühlschrank aufgeräumt. Da kommt alles, was raus
muß, in eine Pfanne und mein Mann genießt ...
Hauptsache kross und mit ausgelassenem Speck
und Zwiebeln… genüsslich die urigsten Kombina-
tionen aus kleingeschnittenem Fleisch, Wurst und
Beilagen aller Art, gerne auch noch mit geriebenem Käse oder einem „geklepperten Ei" verwöhnt
– dazu einen frischen Salat und - guten Appetit!
Bei uns wird nichts mehr entsorgt, ausser über den
Magen!

Wohin mit **Reste-Salzkartoffeln**, die es bei mir als
passionierter Kartoffelesserin zuhauf gibt. Ich mache daraus **BUBESPITZLE** , wie es im Schwäbi-
schen (?) heißt, oder auch **SCHUPFNUDELN**.
Geht natürlich auch mit frisch gekochten Kartoffeln, dann aber eher als Pell-. Die **Kartoffeln** drücke ich durch die Presse, gebe **Ei und ziemlich
Mehl** dazu, würze mit wenig **Salz, Pfeffer und
evtl. wer mag Muskat**, forme dünne Rollen,

schneide diese in ca 5cm lange Stücke, spitze sie an den Enden zu und lasse sie in kochendem Salzwasser sieden, bis sie an die Oberfläche kommen. Danach werden sie noch in einer Pfanne in **Butter** angebraten und sind bereit, sich als Beilage zu präsentieren, oder auch mit **Sauerkraut und Speck** als Hauptgang.

....oder aber ähnlich „**STOPPERCHEN**" wie meine Mama sie machte. Die durchgedrückten **Salzkartoffeln** werden mit **Ei und nicht zu viel Mehl** gemischt, mit **Pfeffer und Salz** gewürzt und als, auf ca.5cm Durchmesser und 1,5cm Höhe geformte, „Fladen" in reichlich „**Butaris**" ausgebraten, wonach sie sich mit eingewecktem Obst auf unserem Tisch präsentieren durften.

.....oder: meine Schwiegermutter hat übrige Salzkartoffeln gerne mit Mehl „abgedrückt", heißt, sie hat mit der Gabel die **Kartoffeln mit Mehl** und etwas **Salz** zu einem dicklichen, aber nicht zu festen, homogenen Teig verzaubert, mit dem Kaffeelöffel Nocken abgestochen, in **ausgelassener Butter** ausgebacken, und dann mit **Zucker** gepudert und **Butter** übergossen genossen! Die haben keinen Namen, sind einfach nur <u>KARTOFFELNOCKEN</u>, schmecken aber super und sind wieder einmal mehr ein Beweis dafür, dass man als Nachspeise DAFÜR gerne auch mal auf arbeitsaufwändige oder gar teure Kreationen verzichten kann.

In meiner Kindheit stand, solange ich denken kann, Sonntags Rinderbraten mit Salzkartoffeln, Saisongemüse und Salat auf dem Speiseplan, und die Reste des Bratens samt Sosse hat Papa abends mit Brot „ausgetunkt"!
Er war nicht sonderlich amused, als mein Mann in mein, und so auch in sein Leben trat, und – nachdem auf den Geschmack gekommen – ihm abends beim Restetunken gerne Gesellschft leistete.
So wurde der Restegenuss meines Vaters über Jahre hin dezimiert – zumindest empfand er es so.
Irgendwann wurde der Braten (und damit die Reste) einfach ein bisschen größer und alle waren zufrieden.

Die „Gute Seele" aus meiner Kindheit, in meiner Generation „Hascha", später „Deda", die bis in ihr hohes Alter 2 Generationen in unserer Familie betreut hat, war ein Meister in RESTESUPPEN!
Aus Butter, Brühe, Kartoffel-, Gemüse- und Sossenresten, ggf. zum Andicken auch mal Grieß, hat sie die besten, bis dato namenlosen Suppen der

Welt gezaubert, von denen mein Mann heute noch schwärmt.

In Spanien, wo wir in unmittelbarer Nähe einer kleinen Finca wohnen, warten geduldig Ziegen, Schafe, Hühner, Mulis, Hunde und Katzen auf unsere Reste, und wenn wir mit dem Auto um die Ecke biegen, ist auf der Finca bereits erwartungsvolle Hochstimmung. Alles, was frei rumlaufen kann, wartet geduldig, auch mal stundenlang, zu Essenszeiten vor unserer Haustüre. – also auch hier kein Resteproblem!

Ansonsten wandert bei uns – wie bereits erwähnt – vieles portionsweise in den Froster, insbesondere auch Soßenreste (zum Verlängern), Spätzle, die unter fliessendem heißen Wasser aufgetaut und dann in Butter erhitzt werden, Semmelknödelscheiben, die sich in einem Sieb über Wasserdampf aufheizen und locker machen, Reis, in der Mikro aufgetaut und in einer Pfanne mit wenig Butter und entsprechenden Gewürzen – oder auch pur - immer ein Renner, Zwetschgenröster, der sich, ebenfalls in der Mikro aufgetaut, lauwarm an die entsprechenden Nachspeisen schmiegt und natürlich neben den Fleischresten auch Suppen ohne Ende!

Alle unsere MITESSER wissen, das Geheimnis einer guten (Sterne)Küche liegt nicht im Koch, sondern in den ZUTATEN und der WÜRZE, wobei man sich wirklich auf die Basisgewürze beschränken kann, die, richtig angewendet, durchaus ausreichend sind und exotische Würzmischungen (ausser Curry!) schamlos an die Wand spielen.

Und wenn Sie dann noch STOFFSERVIETTEN „auftischen" kann das einfachste Essen zum Gourmet-Menue avancieren!

Grob zusammengefasst: die vier Eckpfeiler unserer Küche sind

Knorr, Zucker, mein Mann und ich!

Zu guter Letzt:..........DANKE

......an meinen Mann, der mich dank seiner olfaktorischen Halluzinationen und ausgeprägten gustatorischen Wahrnehmnung immer wieder beflügelt, aus Alltäglichem Besonderes zu machen...

......an meinen Freund Uli, der sich immer wieder die Zeit nimmt, sich vorab durch meine Bücher zu quälen, und, sollte mein (Schreib)Stil die Grenzen des Verständlichen(seine Worte) tangieren oder gar überschreiten, meine Worte vorsichtig aus ihrer „Schachtel" nimmt und in „Druckreife" transferiert.....und ohne den es meine Bücher eigentlich auch gar nicht gäbe......

......und natürlich an Alle, denen ich in meinem Leben irgendwann einmal über die Schulter geschaut habe, insbesondere auch an diejenigen, die hier nicht ausdrücklich Erwähnung gefunden haben.

REGISTER

Zeitfracht Medien GmbH
Ferdinand-Jühlke-Straße 7
99095 Erfurt, Deutschland
produktsicherheit@kolibri360.de